주머니 속 경제

주머니 속
경제

누구나 쉽게
이해할 수 있는
경제 이야기

백광석 지음

다온길

머리말

경제는 우리 삶의 모든 부분에 영향을 미친다. 때로는 너무 복잡해 보일 수 있지만, 경제의 기본 원리를 이해하고 돈을 잘 관리하면 더 나은 삶을 살 수 있다. 경제의 기초부터 시작해 돈 관리, 투자, 그리고 미래 기술이 경제에 미치는 영향까지 다루는 이 지식은 뉴스를 더 잘 이해할 수 있을 뿐만 아니라, 일상에서 내리는 결정에도 큰 도움이 된다.

경제에 처음 접하는 사람들을 위해 복잡한 개념을 쉽게 설명하고 있다. 이를 통해 어려운 이론을 쉽게 이해할 수 있고, 경제 뉴스를 들을 때 더 자신감을 가질 수 있으며, 가계 예산을 세우거나 투자 결정을 내릴 때 도움이 될 수 있다. 경제의 기본을 이해하는 것은 미래에 대한 투자와 같고, 이는 안정적이고 풍요로운 삶의 토대를 마련해 준다.

예를 들어, 신용카드 사용과 대출 이해의 중요성을 모르는 젊은 직장인이 있다고 가정해 보자. 이 직장인은 신용카드로 무분별하게 지출하고, 높은 이자율의 대출을 받아 결국 빚더미에 앉게 된다. 이러한 상황은 개인의 재정적 자립성을 해치고, 경제적 자유를 얻는 데 큰 장애가 된다. 효과적인 재정 관리를 배우는 것은 이러한 상황을 피하는 데 중요하다.

또한, 시장 경제의 이해 없이는 일상 소비에서도 합리적인 결정을 내리기 어렵다. 특정 제품의 가격이 왜 오르는지, 인플레이션이 왜 발생하는지를 아는 것은 더 정보에 입각한 소비자가 되는 데 큰 도움이 된다. 일상생활 속 경제 활동의 이해는 더 현명한 소비 결정을 내릴 수 있게 해준다.

　투자의 세계도 마찬가지다. 장기적 관점에서 부동산이나 주식 시장에 어떻게 투자할지, 다양한 투자 옵션을 어떻게 비교할지 배우는 과정은 더 안정적인 미래를 설계하는 데 큰 도움이 된다. 복리의 마법과 같은 투자의 기본 원칙을 이해하는 것은 재정적 목표를 달성하는 데 필수적인 지식이다.

　경제 뉴스를 해석하고, 개인 재정 계획을 세우며, 미래 기술의 경제적 영향을 이해하는 데 실용적인 지식을 제공한다. 디지털 화폐의 진화부터 공유 경제의 이해에 이르기까지, 미래의 경제와 기술 변화에 어떻게 예측하고 대응할 수 있는지 배울 수 있다.

　경제를 이해하는 것은 단순히 더 많은 돈을 벌기 위한 수단이 아니라, 우리의 삶을 풍요롭게 하고 미래를 대비할 수 있는 지혜를 제공한다. 경제에 대한 쉬운 이해는 이러한 지혜를 제공하는 데 중요한 역할을 한다.

백광석

제2장 일상에서 발견하는 경제의 원리

제3장 투자의 세계로

제4장 경제 뉴스의 이해와 활용

제5장 나를 위한 경제, 개인 재무 관리

제6장 경제와 기술의 미래

1

경제적 자립을
위한 첫걸음

돈이 들어오고 나가는
이야기

우리 일상생활에서 경제 활동의 기본을 이루는 개념이다. 이 주제를 이해하는 것은 개인 재무 관리의 첫걸음이며, 경제의 기본 원리를 이해하는 데도 중요하다.

돈의 흐름을 이해하는 것은 우리가 어떻게 수입을 얻고, 그 수입을 어떻게 지출하며, 그 과정에서 어떤 선택을 해야 하는지에 대한 기본적인 이해를 제공한다. 여기서 중요한 것은 '수입'과 '지출', 그리고 '저축'이다.

1. 수입

개인이나 가정이 일하거나 자산을 통해 얻는 모든 수익을 수입이라고 한다. 이는 월급, 아르바이트 수입, 투자 수익 등 다양한 형태로 나타날 수 있다. 수익을 늘리기 위한 다양한 방법이 있다.

첫째, 단 하나의 직업에만 의존하지 않고 여러 수입원을 확보하는 것이 중요하다. 예를 들어, 주 직업 외에도 온라인 강의나 부업을 통해 추가 수입을 얻을 수 있다.

둘째, 새로운 기술을 계속 배우고 자기 계발을 하는 것이다.

셋째, 네트워킹을 통해 새로운 기회를 찾는 것도 도움이 된다.

넷째, 부동산 투자는 안정적인 수입원이 될 수 있다.

다섯째, 구체적인 재정 목표를 설정하고 계획을 세우는 것이 중요하다.

2. 지출

우리가 생활을 유지하기 위해 지급하는 모든 비용이다. 여기에는 식비, 주거비, 교육비, 교통비 등이 포함된다. 지출을 잘 관리하는 것은 개인 재무 관리에서 매우 중요하다. 지출을 줄이고, 필요하지 않은 지출을 피함으로써 저축을 늘릴 수 있다. 예를 들어, 외식을 줄이고 집에서 요리하는 것, 불필요한 구독 서비스를 해지하는 것이 도움이 될 수 있다. 또한, 할인 쿠폰을 사용하거나 세일 기간에 쇼핑하는 것도 저축을 늘리는 좋은 방법이다.

3. 저축과 투자

수입에서 지출을 뺀 나머지 돈이 저축된다. 저축은 미래의 불확실성을 대비하고, 긴급 상황에 대비하는 데 도움이 된다. 또한, 장기적인 재정 목표를 달성하는 데 중요한 역할을 한다. 저축한 돈을 투자로 전환하면 자산을 늘릴 수 있다. 예를 들어 주식, 부동산, 또는 펀드에 투자하는 방법이 있다. 투자는 위험이 따르지만, 잘 계획하고 분산 투자하면 높은 수익을 기대할 수 있다. 저축과 투자를 통해 재정적으로 더 안정된 미래를 준비할 수 있다.

이처럼, 돈이 들어오고 나가는 과정을 이해하고 관리하는 것은 경제적으로 안정된 생활을 영위하기 위한 첫걸음이다. 개인이 자신의 수입, 지출, 저축을 적절히 관리한다면, 더 나은 재정적 미래를 설계할 수 있을 것이다.

수입과 지출의 균형

경제를 관리한다는 것은 본질적으로 수입과 지출의 균형을 잘 유지하는 것이다. 이 균형이 잘 유지될 때, 우리는 재정적으로 안정감을 느낄 수 있다. 반대로, 지출이 수입을 초과하면, 빚이 쌓이게 되어 재정적 어려움을 겪게 된다.

예를 들어, 수입이 월 3백만 원이고 지출이 월 2백만 원이면, 매월 100만 원을 저축하거나 투자할 수 있다. 이는 재정적 안정을 위한 좋은 상황이다. 반면, 수입이 월 3백만 원인데 지출이 월 4백만 원이면, 매월

100만 원의 빚이 쌓이게 되어 재정적으로 어려움을 겪게 된다. 이런 상황을 피하고자 지출을 줄이거나 수입을 늘리는 방법을 모색해야 한다.

효율적인 자금 관리 전략

실생활에서 소득과 지출의 균형을 잘 맞추는 것이 중요하다. 경제적으로 안정된 생활을 위해 몇 가지 팁을 공유한다.

소득 관리

1. 다양한 소득원 개발

직장에서의 월급 외에도 부업이나 투자, 임대 소득 등을 통해 추가적인 수입원을 마련하는 것이 좋다.

2. 금융 지식 습득

투자와 관련된 지식을 습득하여, 소득을 늘릴 기회를 찾아보자. 단, 위험 관리도 중요하다.

3. 전문 기술 습득

자신만의 전문 기술이나 지식을 키워 직장 내 승진이나 부업을 통한 추가 수입을 도모해 보자.

지출 관리

1. 예산 작성

월별 수입과 고정 지출을 명확히 파악하고, 가변적인 지출을 위한 예산을 설정해 보자.

2. 불필요한 지출 줄이기

일상에서 불필요한 지출을 줄이는 것이 중요하다.

3. 비교 구매

필요한 물건이나 서비스를 이용할 때는 여러 옵션을 비교하여 가장 적합한 가격으로 선택해 보자.

저축 및 투자

1. 긴급자금 마련

예상치 못한 지출을 위해 긴급자금을 마련해 두는 것이 좋다. 보통 생활비 몇 달 치를 저축해 두는 것을 권장한다.

2. 목표 기반 저축

특정 목표(예 : 여행, 집 구매, 은퇴 준비 등)를 위해 저축하는 것이 동기 부여가 될 수 있다.

3. 장기 투자

주식이나 부동산 등 장기적으로 가치가 상승할 가능성이 있는 투자 옵션을 고려해 보자. 단, 투자에 관한 충분한 연구와 위험 평가가 선행되어야 한다.

부채 관리

1. 높은 이자율의 부채를 우선 상환

여러 부채 중에서 이자율이 가장 높은 부채부터 상환하는 전략을 사용한다.

2. 부채 상환 계획 수립

부채를 체계적으로 관리하고 상환하기 위해 상환 계획을 세운다.

나만의 경제 지표
만들기

경제 지표란 경제 상태를 측정하고 평가하기 위해 사용되는 숫자 데이터나 통계를 말한다. GDP, 인플레이션 비율, 실업률 등이 전형적인 예로서, 국가 경제 수준을 나타낸다. 하지만 "나만의 경제 지표 만들기"는 공식 지표를 넘어, 개인의 경제 상황을 직관적으로 이해할 수 있는 개인화된 지표를 만드는 것을 말한다.

나만의 경제 지표 만들기

1. 월수입 대비 지출 비율

개인의 총수입에서 필요한 지출(예 : 주거비, 식비, 교통비 등)을 제외한 후 남은 금액의 비율을 의미한다. 이 비율은 개인의 재정적 유연성을 나타내며, 이 비율이 높을수록 재정 상태가 건전하다고 볼 수 있다.

김민수 씨의 경우, 한 달 총수입은 400만 원이다. 김민수 씨가 매달 필요로 하는 지출을 살펴보면 주거비로 100만 원, 식비로 100만 원, 교통비로 50만 원, 그리고 기타 필수 지출로 50만 원이 필요하다. 따라서 김민수 씨의 총 필요한 지출은 300만 원이다.

이 정보를 바탕으로 김민수 씨의 수입 대비 지출 비율을 계산하면, 총수입 400만 원 중 필요한 지출 300만 원을 뺀 후 남는 금액은 100만 원이다. 이 금액은 김민수 씨의 월수입의 25%에 해당한다. 즉, 김민수 씨는 월수입의 25%를 자유롭게 사용하거나 저축 및 투자에 활용할 수 있다.

이 비율은 김민수 씨의 재정적 유연성을 나타낸다. 이 비율이 높을수록 김민수 씨는 더 많은 재정적 여유를 가진다.

개인 재정 관리에서 수입 대비 지출 비율을 정기적으로 확인하고 관리하는 것은 매우 중요하다. 이를 통해 김민수 씨는 자신의 재정 상태를 명확히 이해할 수 있으며, 필요한 경우 지출을 조정하여 자신의 재정 건전성을 유지하거나 개선할 수 있다.

2. 저축률

총수입 중에서 저축하는 금액의 비율을 나타낸다. 이것은 개인의 재정 안정성을 나타내는 중요한 지표이다. 저축률이 높을수록 재정 안정성이 높다는 것을 의미한다.

　예를 들어, 김민수 씨의 월수입이 400만 원이고, 필요한 지출이 300만 원이라면, 김민수 씨는 월 100만 원을 저축할 수 있다. 그래서 김민수 씨의 저축률은 다음과 같이 계산할 수 있다.

$$\text{저축률} = (\text{저축액} / \text{총수입}) * 100$$

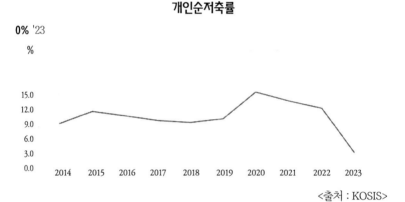

개인순저축률

<출처 : KOSIS>

　따라서, 김민수 씨의 저축률은 (100만 원 / 400만 원) * 100 = 25%이다. 이는 김민수 씨가 월수입의 25%를 저축하고 있다는 것을 의미한다.

　저축률을 계산하고 이를 통해 개인의 재정 상태를 파악하는 것은 중요하다. 이를 통해 김민수 씨는 자신의 저축 목표를 설정하고, 재정 상태를 점검하며, 필요한 경우 지출을 조절하여 재정 안정성을 유지하거나 향상할 수 있다.

3. 투자 수익률

투자 수익률은 투자된 자산(주식, 부동산, 기타 투자 상품 등)에서 발생한 수익의 비율을 나타낸다. 이는 투자의 성공 여부를 평가하는 데 사용될 수 있다.

예를 들어, 김민수 씨가 100만 원을 주식에 투자했고, 투자 후 그 주식의 가치가 120만 원으로 증가했다면, 김민수 씨의 투자 수익률은 다음과 같이 계산할 수 있다.

투자 수익률 = ((투자 후 자산 가치 – 투자 전 자산 가치) / 투자 전 자산 가치) * 100

따라서, 김민수 씨의 투자 수익률은 ((120만 원 – 100만 원) / 100만 원) * 100 = 20%이다. 이는 김민수 씨가 자신의 주식 투자로 20%의 수익률을 얻었음을 의미한다.

투자 수익률을 계산하고 이해하는 것은 자신의 재정 상태를 파악하고 투자 전략을 계획하는 데 중요하다. 이를 통해 김민수 씨는 자신의 투자 성과를 평가하고 필요한 경우 더 나은 결과를 달성하기 위해 투자 전략을 조정할 수 있다.

4. 부채 대비 비상금 비율

개인의 부채 양과 보유한 비상금을 비교하는 지표이다. 이 비율은 개인의 재정적 안정성을 평가하는 데 사용될 수 있다. 부채가 비상금보다 적은 경우, 그 개인이 재정적으로 안정된 상태에 있다고 볼 수 있다.

예를 들어, 김민수 씨가 500만 원의 부채와 700만 원의 비상금을 가지고 있다고 가정해 보자. 이 경우, 김민수 씨의 부채 대비 비상금 비율은 다음과 같이 계산될 수 있다.

부채 대비 비상금 비율 = (부채 / 비상금) * 100

따라서, 김민수 씨의 부채 대비 비상금 비율은 (500만 원 / 700만 원) * 100 = 약 71.4%이다. 이는 김민수 씨가 상대적으로 안정된 재정 상태에 있다는 것을 나타낸다. 부채가 비상금보다 적기 때문에, 긴급한 재정 상황에 대처할 유연성이 있다고 볼 수 있다.

부채 대비 비상금 비율을 이해하고 관리하는 것은 개인의 재정 안정성을 유지하고 개선하는 데 중요하다. 이를 통해 개인은 자신의 재정 상태를 명확하게 이해하고 필요한 조치를 할 수 있다.

실용적 지표의 구성

나만의 경제 지표를 만들 때 유용한 팁들이 있다. 이 팁들은 실질적이고 의미 있는 지표를 개발하는 데 도움이 될 것이다.

1. 목적 명확화하기

나만의 경제 지표를 만들기 전에, 그 목적을 명확히 해야 한다. 예를 들어, 소비자 심리를 측정하고 싶은지, 아니면 경제의 전반적인 성장 추세를 파악하고 싶은지 결정해야 한다. 목적이 명확하면 그에 맞는 효과적인 지표를 만들 수 있다. 이 과정은 경제 상황을 더 잘 이해하고 예측하는 데 큰 도움이 된다. 따라서, 경제 지표를 만들기 전에는 목적을 신중하게 고려하는 것이 중요하다. 이렇게 하면 경제 추세를 더 명확하게 파악하고 적절한 결정을 내릴 수 있다.

2. 데이터 수집하기

경제 지표를 만들기 위해서는 데이터 수집이 필수적이다. 공공 기관, 금융 시장, 소셜 미디어 등 다양한 출처에서 데이터를 수집할 수 있다. 가장 중요한 것은 정확하고 신뢰할 수 있는 데이터를 확보하는 것이다. 정확한 데이터를 확보함으로써 경제 현상을 더 잘 이해하고 예측할 수 있다. 따라서 다양한 출처에서 데이터를 수집할 때, 그 출처의 신뢰성을 검증해야 한다. 신뢰할 수 있는 데이터를 사용하여 만든 경제 지표는 경제의 방향을 정확하게 알려줄 수 있다.

3. 분석 방법 선택하기

수집된 데이터를 분석할 때, 적절한 분석 방법을 선택해야 한다. 통계적 방법, 기계 학습, 경제 모델링 등 다양한 분석 도구가 있다. 목적과 데이터에 가장 잘 맞는 분석 방법을 선택하는 것이 중요하다. 예를 들어, 단순한 추세를 파악하고 싶다면 통계적 방법이 적합할 수 있다. 더 복잡한 패턴을 찾고자 한다면 기계 학습을 사용할 수 있다. 경제 상황을 예측하기 위해서는 경제 모델링이 유용할 수 있다. 각 방법의 장단점을 고려하여 가장 적절한 방법을 선택해야 한다.

4. 지표 검증하기

만든 지표가 실제로 유용한지 확인하는 과정이 필요하다. 이를 위해 과거 데이터를 사용해 지표를 적용해 본다. 그런 다음, 지표가 예측한 결과와 실제 결과를 비교한다. 이 과정을 통해 지표가 얼마나 정확하고 유용한

지 평가할 수 있다. 예를 들어, 지표가 과거 데이터를 잘 맞추는지 확인하면 미래 예측에도 신뢰할 수 있다. 이런 검증 과정을 거치면 지표의 신뢰성이 높아진다. 결국, 지표를 검증하는 것은 더 나은 의사결정을 돕는다.

5. 지속적인 개선하기

경제 환경은 지속해서 변화하고 있다. 따라서, 개발한 경제 지표도 시간이 지남에 따라 지속해서 개선되어야 한다. 이는 새로운 데이터를 활용하고, 분석 방법을 업데이트하며, 경제 상황의 변화를 지표에 반영하는 과정을 포함한다. 예를 들어, 최근에 공개된 경제 데이터가 있다면, 이를 지표에 포함해야 한다. 또한, 새로운 분석 기술이 나타나면, 이를 적용하는 것이 좋다. 이렇게 지속해서 지표를 개선함으로써, 그 정확성과 유용성을 유지하고 강화할 수 있다. 이러한 지표들은 경제 동향을 더 잘 이해하고 예측하는 데 도움이 된다.

6. 투명성 유지하기

당신의 경제 지표를 공개할 때, 사용된 데이터와 분석 방법을 명확히 공개하여 투명성을 유지하는 것이 중요하다. 이렇게 함으로써 다른 사람들은 당신의 지표를 신뢰하고 활용할 수 있다. 예를 들어, 데이터의 출처와 분석 방법을 설명하면 사람들이 당신 지표의 신뢰성을 더 잘 이해할 수 있다. 투명성은 신뢰 구축에 도움이 된다. 당신의 지표가 신뢰할 수 있는 것으로 인식되도록 한다. 이를 통해 당신뿐만 아니라 다른 사람들도 당신의 경제 지표를 효과적으로 활용할 수 있다. 결국 투명성은 당신의 경제 지표의 전반적인 유용성과 영향력을 높이는 데 도움이 된다.

나만의 경제 지표를 만드는 것은 단순히 데이터를 분석하는 것을 넘어서 경제 현상을 이해하고 예측하는 데 도움이 된다. 위의 팁들을 참고하여 나만의 독특하고 유용한 경제 지표를 만들어 보자.

주변 경제 환경 읽기

주변 경제 환경을 읽는다는 것은 우리가 살아가는 세상의 경제적 상황을 파악하고, 그 변화를 주시하는 것이다. 이는 우리의 구매력, 투자 결정, 직업 선택 등 일상생활에 큰 영향을 미치기 때문에 중요하다.

1. 뉴스와 경제 보고서 읽기

경제 뉴스와 정부 및 민간 기관에서 발표하는 경제 보고서는 현재 경제 상황을 이해하는 데 중요한 역할을 하고 있다. 이러한 정보들은 경제의 흐름과 변화를 파악하는 데 도움이 된다. 예를 들어, 경제 성장률, 국내총생산GDP, 인플레이션이라는 지표들이 이 보고서에 담겨 있다. 이를 통해 개인이나 기업은 경제 상황을 더 잘 이해하고, 이에 따른 계획을 세울 수 있게 된다. 따라서, 정기적으로 경제 뉴스를 읽고 보고서를 검토하는 것은 매우 유용하다. 이는 또한 경제적 의사결정을 내리는 데 있어서 정보에 기반을 둔 접근 방식을 가능하게 한다. 결국, 이러한 습관은 경제 상황에 더 잘 대응하고 미래를 준비하는 데 도움이 된다.

경제성장률

전년 대비 **1.4%** '23
전분기 대비 **1.3%** '24.1/4

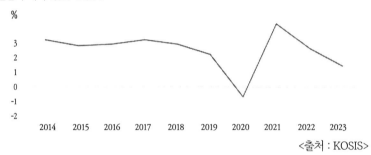

<출처 : KOSIS>

GDP(국내총생산)

명목 **2,161조 7,739억 원** '22
실질 **1,995조 7,739억 원** '23

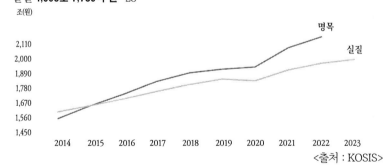

<출처 : KOSIS>

2. 경제 지표 이해하기

경제 지표는 우리가 경제의 현재 상황과 앞으로의 방향을 파악할 수 있게 해주는 중요한 수치들이다. 이러한 지표들을 이해하는 것은 경제 환경을 더 잘 이해하는 데 큰 도움이 된다. 예를 들어, 실업률이나 소비자 물가 지수 같은 지표들은 경제의 건강 상태를 나타내준다. 이 지표들을 통해 경제가 성장하고 있는지, 아니면 침체하고 있는지를 알 수 있다. 따라서, 이러한 지표들을 알고 이해하면, 개인이나 기업이 더 현명한 결정을 내리는 데 도움이 된다. 경제 지표는 우리가 경제를 더 잘 이해하고 예측하는 데 필수적인 도구이다.

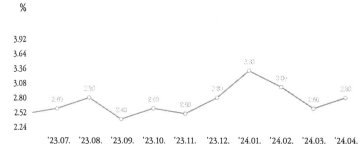

한국 실업률
2.80%
▲ 0.20
시장영향력 매우 높음

<출처 : 2024.04.12. KOSTAT - korea>

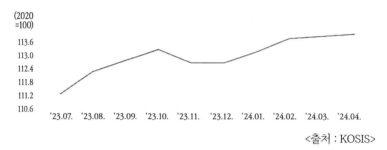

소비자 물가지수

월별 **113.99 (2020=100)** '24.04

<출처 : KOSIS>

3. 시장 동향 관찰하기

주식 시장, 부동산 시장, 환율 등은 경제 상황을 잘 알려주는 중요한 신호이다. 이런 시장의 변화를 잘 살펴보면 경제가 어떻게 움직이는지 더 잘 이해할 수 있다. 예를 들어, 주식 시장이 상승하면 경제가 좋아지고 있다는 신호일 수 있다. 부동산 가격이 오르거나 내리는 것도 중요한 변화이다. 그래서 이런 시장 동향을 꾸준히 관찰하는 것이 경제를 이해하는 데 큰 도움이 된다.

4. 전문가 분석 듣기

경제 전문가들의 분석과 예측은 경제를 이해하는 데 큰 도움이 된다. 전문가들은 복잡한 경제 데이터를 분석하고 미래의 경제 동향을 예측한다. 따라서, 전문가들의 분석을 듣는 것은 경제에 대한 깊은 이해를 얻을 방법이다. 이러한 분석을 통해 우리는 앞으로 마주칠 경제 변화에 더 잘 대비할 수 있다. 전문가들의 조언을 듣는 것은 우리의 경제적 의사결정을 더 현명하게 만들 수 있다.

따라서 주변 경제 환경을 읽는 것은 우리가 더 현명한 소비자, 투자자, 그리고 시민이 되는 데 도움을 준다. 경제 환경에 대한 이해는 미래의 기회를 잡고 잠재적 위험을 피하는 데 중요한 역할을 한다.

소비와 저축의
균형잡기

소비와 저축의 균형을 맞추는 것은 경제적으로 안정된 생활을 유지하기 위해 중요하다. 이를 위해, 자신의 수입과 지출을 정확히 파악하고, 필요한 지출과 원하는 지출을 구분하여 예산을 세우는 것이 좋다. 또한, 예상치 못한 상황에 대비하여 비상금을 마련하는 것과 미래의 큰지출을 위해 목표를 세우고 저축하는 것이 중요하다.

예산 짜기

예산을 짜는 것은 개인의 재정 상태를 관리하는 데 있어서 매우 중요한 첫걸음이다. 효과적인 예산 짜는 방법에 대해 알아보자.

1. **수입 파악하기** : 자신의 총 월수입, 즉 급여, 부수입, 이자 수입 등 모든 수입원을 정확히 알고 있다.

2. **지출 항목 분류하기** : 지출을 고정 지출(예 : 임대료, 보험)과 변동 지출(예 : 식비, 교통비)로 나눈다.

3. **필수 지출과 선택 지출 구분하기** : 생존과 직접적으로 관련된 필수 지출과 삶의 질을 향상하지만 필요하지는 않은 선택 지출을 구분한다.

4. **저축 목표 설정하기** : 수입과 필수 지출을 파악한 후, 남은 돈으로 비상금이나 미래의 큰 지출을 위한 저축 목표를 설정한다.

5. **유연성 유지하기** : 예기치 않은 변화가 일어날 수 있으므로, 필요할 때 예산을 조정할 수 있는 유연성을 가지고 있다.

6. **지출 추적하기** : 예산을 세운 후에는 실제 지출을 추적하고 예산과 비교한다. 이는 예산을 준수하는 데 도움이 되며 조정이 필요한 영역을 식별하는 데 유용하다.

예산을 짜는 과정은 처음에는 복잡해 보일 수 있지만, 일단 습관이 되면 재정 관리에서 강력한 도구가 된다. 자신에게 가장 잘 맞는 방법으로 접근하여 재정 건강을 유지한다.

비상금 마련

비상금 마련은 예상치 못한 상황이나 긴급한 자금이 필요할 때 경제적 안정을 제공할 수 있으므로 중요하다.

1. **목표 설정하기** : 비상금을 위한 목표 금액을 설정한다. 일반적으로 생활비 6개월에서 12개월 치가 권장된다. 개인이나 가족 상황에 따라 다를 수 있다.

2. **예산 조정하기** : 월별 예산을 검토하여 절약할 수 있는 부분을 찾는다. 절약된 돈을 비상금으로 할당한다.

3. **자동 이체 설정하기** : 급여에서 비상금으로, 정기적으로 자동 이체되도록 설정한다. 이는 꾸준히 저축하는 데 도움이 되며, 잊지 않고 저축할 수 있다.

4. **별도의 계좌 사용하기** : 비상금을 일상 지출 계좌와 별도의 저축 계좌에 보관한다. 이는 비상금의 안전성과 완전성을 유지하는 데 도움이 된다.

5. **점진적 축적하기** : 한 번에 큰 금액을 저축하는 것이 어려울 수 있다. 꾸준히 작은 금액을 저축하면서 목표 금액에 점차 도달할 수 있다.

6. **지출 줄이기** : 불필요한 지출을 줄이고, 절약된 돈을 비상금에 추가한다. 예를 들어, 외식을 줄이거나 불필요한 구독 서비스를 취소할 수 있다.

비상금을 마련하는 것은 시간이 걸리지만, 재정 안정성을 향한 중요한 단계이다. 꾸준히, 심지어 적은 금액이라도 지속해서 저축함으로써 결국 탄탄한 비상금을 마련할 수 있다.

목표 기반 저축

목표 기반 저축은 개인의 재정 목표를 달성하기 위해 저축을 계획하고 실행하는 방식이다. 이는 단기, 중기, 장기 목표에 따라 다양한 저축 계획을 세울 수 있다.

1. **목표 설정하기** : 가장 먼저, 달성하고자 하는 재정 목표를 명확히 설정한다. 예를 들어, 휴가, 자동차 구매, 은퇴 준비 등이 될 수 있다.
2. **목표별 예산 할당하기** : 각 목표에 필요한 금액을 파악하고, 이에 따라 예산을 할당한다. 이 과정에서 목표의 우선순위를 정하는 것이 중요하다.

3. **저축 계획 세우기** : 목표를 달성하기 위해, 필요한 시간을 고려하여 저축 계획을 세운다. 이는 월간 또는 연간 저축 목표를 포함할 수 있다.

4. **저축 방법 선택하기** : 목표 달성을 위해 펀드, 정기예금, 보통예금 등 다양한 저축 방법 중에서 선택한다. 각 방법의 수익률과 위험도를 고려하는 것이 중요하다.

5. **진행 상황 감시하기** : 정기적으로 저축 진행 상황을 확인하고, 필요한 경우 계획을 조정한다. 이는 목표에 대한 동기 부여를 유지하는 데 도움이 된다.

6. **목표 달성 후 재평가하기** : 목표를 달성한 후에는 재정 상태를 재평가하고, 새로운 목표를 설정할 수 있다. 이 과정에서 이전 경험을 바탕으로 계획을 개선할 기회가 있다.

목표 기반 저축은 재정 목표를 체계적으로 관리하고 달성하는 데 도움을 줄 수 있다. 이는 재정 안정성을 높이고, 장기적인 재정 계획을 세우는 데 중요한 역할을 한다.

지출 습관 개선

지출 습관을 개선하는 것은 재정 상태를 개선하고 장기적인 재정 목표를 달성하는 데 중요하다.

1. **지출 기록하기** : 모든 지출을 기록하면 어디에 돈을 쓰고 있는지 명확히 알 수 있다. 이는 지출 패턴을 파악하는 데 도움이 된다.

2. **예산 세우기** : 월별로 예산을 세우고 이를 준수하는 것이 중요하다. 이는 불필요한 지출을 줄이고 저축을 늘리는 데 도움이 된다.

3. **불필요한 지출 줄이기** : 정기적으로 지출을 검토하고 불필요한 지출을 줄이는 것이 좋다. 예를 들어, 외식비용이나 구독 서비스를 줄일 수 있다.

4. **비교 쇼핑하기** : 필요한 물건을 살 때 여러 제품을 비교하고 가장 적합한 가격을 찾는 것이 도움이 된다. 이는 장기적으로 비용을 절감할 수 있다.

5. **목표를 위해 저축하기** : 저축을 목표에 맞추어 계획하는 것이 중요하다. 예를 들어, 여행이나 대학 교육 기금을 위해 별도의 저축 계좌를 설정할 수 있다.

6. **재정 상담 받기** : 때로는 전문가의 조언이 필요할 수 있다. 재정 상담가는 개인의 재정 상태를 분석하고 지출 습관을 개선하는 데 도움을 줄 수 있다.

지출 습관을 개선하는 것은 자기 통제와 꾸준한 노력이 필요하다. 그러나 이러한 노력은 재정적 안정성과 목표 달성으로 이어질 수 있다.

초보자를 위한 투자

투자는 재정적 목표를 달성하기 위한 중요한 수단이다. 그러나 많은 초보자가 어디서부터 시작해야 할지 모르는 경우가 많다. 여기 초보자를 위한 몇 가지 투자 팁이 있다.

1. 투자 목표 설정하기

투자를 시작하기 전, 당신이 달성하고자 하는 것이 무엇인지 생각해야 있다. 단기적으로는 휴가나 비상금을 위해 저축할 수 있으며, 장기적으로는 은퇴나 자녀 교육 기금을 위해 저축할 수 있다. 이러한 목표들을 명확히 정의하는 것이 중요하다. 왜냐하면 이 목표들이 어떤 투자 상품을 선택할지 결정하는 데 큰 도움이 될 것이기 때문이다.

2. 금융 지식 쌓기

기본적인 금융 용어와 개념을 잘 이해하는 것이 중요하다. 책이나 인터넷 강의, 웨비나(웹과 세미나의 합성어)를 통해 이러한 지식을 넓히는 것이 좋다.

이렇게 함으로써, 여러분은 투자 결정을 내릴 때 더욱 확신을 가질 수 있다. 금융 지식이 풍부하다면, 시장의 변화나 투자 상품을 이해하는 데도 유리하다. 결국, 이것은 여러분이 자신의 재정적 목표를 효과적으로 달성하는 데 큰 도움이 될 것이다.

3. 다양화하기

모든 돈을 한 가지 자산에만 투자하지 않는 것이 중요하다. 주식, 채권, 부동산 등 다양한 자산 클래스에 걸쳐 투자하면 위험을 분산시킬 수 있다. 이런 방식은 잠재적 손실 가능성을 줄여준다. 만약 한 자산의 가치가 떨어져도, 다른 자산에서의 수익이 손실을 상쇄할 수 있기 때문이다. 결국, 이런 다양화 전략은 당신의 투자 포트폴리오를 더 안정적으로 만들어줄 것이다.

4. 장기 투자하기

투자는 장기적인 전략이라는 사실을 기억하는 것이 중요하다. 단기적인 시장의 변동에 너무 많은 신경을 쓰지 말고, 장기적인 성장에 초점을 맞춰야 한다. 이는 시간이 지남에 따라 복리의 이점을 누릴 수 있게 해준다. 장기적인 관점에서 투자하면, 단기적인 시장 변동성에 대한 스트레스를 줄일 수 있다. 결국, 이런 접근 방식이 당신의 투자 목표를 달성하는 데 큰 도움이 될 것이다.

5. 저축에서 시작하기

투자를 시작하기 위해 큰 금액이 필요하지 않다. 적은 금액으로 시작하여 점차 투자 금액을 늘릴 수 있다. 이 방식은 너무 많은 위험을 한 번에 감수하지 않으면서 투자 과정에 익숙해지게 해준다.

6. 위험 감수 능력 이해하기

모든 투자에는 어느 정도의 위험이 따르기 마련이다. 자신이 얼마나 위험을 감수할 수 있는지 이해하는 것이 중요하다. 이를 통해 자신에게 맞는 투자를 선택할 수 있다. 위험 감수 능력이 높다면 더 공격적인 투자도 고려할 수 있다. 반면, 낮다면 보다 안정적인 투자를 선택하는 것이 좋다. 결국 이러한 과정은 투자를 통해 목표를 달성하는 데 큰 도움이 된다.

7. 투자 계획 정기적으로 검토하기

시간이 지나면서 당신의 재정 상태와 목표는 변할 수 있다. 그래서 투자 계획을 정기적으로 검토하는 것이 중요하다. 필요하다면 계획을 조정해야 한다. 이 과정을 통해 당신은 현재 재정 상태에 가장 적합한 투자 전략을 유지할 수 있다.

8. 인내심 가지기

투자는 즉각적인 결과를 보장하지 않는다. 인내심을 가지고 장기적인 관점에서 접근하는 것이 중요하다. 이는 시장의 단기적인 변동에 흔들리지 않고 자신의 투자 목표를 향해 꾸준히 나아갈 수 있게 해준다. 장기적인 관점을 유지하면 결국 더 큰 이익을 얻을 수 있는 기회가 높아진다.

이러한 팁들은 초보자가 투자의 세계에 발을 들이는 데 있어 기초를 마련하는 데 도움이 될 것이다.

신용카드와 대출, 올바르게 이해하기

신용카드는 은행이나 금융기관이 발급하는 카드로, 소비자가 현금 대신 물건 구매나 서비스 이용할 수 있게 해준다. 신용카드로 결제한 금액은 나중에 소비자가 카드 회사에 상환한다. 일정 기간(보통 한 달) 동안 이자 없이 빌릴 수 있는 정해진 금액이 있으며, 이 기간 내에 전액 상환하면 이자가 부과되지 않는다. 하지만, 기간을 넘겨 상환하면 약정된 이율로 이자가 부과된다.

예산을 짜는 것은 개인의 재정 상태를 관리하는 데 있어서 매우 중요한 첫걸음이다. 효과적인 예산 짜는 방법에 대해 알아보자.

민수는 친구와 함께 점심을 먹기로 했어요. 그런데 지갑을 열어보니 현금이 별로 없더라고요. 다행히 신용카드가 있어서 그걸로 계산했어요. 3만 원이 조금 넘는 금액이었는데, 이 금액은 다음 달 카드 결제일에 민수의 계좌에서 빠져나갈 거예요. 현금이 부족할 때 신용카드가 참 유용하죠.

지현이는 친구의 생일선물을 준비하고 싶어요. 그런데 이번 달 지출이 많아서 지갑이 가벼워요. 그래서 신용카드로 예쁜 선물을 샀어요. 지현이는 다음 달 급여가 들어오면 그때 카드 대금을 청구할 계획이에요. 이렇게 신용카드는 선물 같은 갑작스러운 지출에도 도움을 줘요.

대출은 특정 목적(예 : 주택 구매, 차량 구매, 교육 등)을 위해 금융기관이나 은행으로부터 빌리는 돈이다. 대출을 받을 때 대출 금액, 이자율, 상환 기간이 계약으로 결정된다. 대출 금액은 이자와 함께 분할 상환해야 한다. 대출 목적이 명확하므로 지정된 목적 이외의 용도로는 사용할 수 없다.

신용카드는 비교적 단기적이고 소규모 비용에 대한 금융 도구이며, 대출은 더 긴 기간 동안 큰 금액을 사용할 수 있게 하는 금융 서비스이다. 각 금융 서비스를 현명하게 사용하면 금융 목표를 달성하는 데 도움이 될 수 있다.

영수와 수진 부부는 자신들만의 집을 갖고 싶어 했어요. 하지만 집값을 한 번에 마련하기는 어려웠죠. 그래서 은행에서 주택 구매를 위한 대출을 받기로 했어요. 이제 매달 일정 금액을 은행에 상환하면서 자신들의 꿈인 집을 갖게 됐어요. 대출 덕분에 큰 꿈을 이룰 수 있었죠.

혜진이는 대학교에 합격했어요. 하지만 등록금이 부담되었죠. 그래서 학자금 대출을 받기로 결정했어요. 대학 생활 동안 학비 걱정 없이 공부에 집중할 수 있게 됐어요. 졸업 후 좋은 직장에 들어가면, 천천히 대출금을 상환할 계획이에요.

신용카드와 대출은 우리 생활 속에서 다양한 상황에 유용하게 사용된다. 중요한 것은 이들을 현명하게 관리하며, 자신의 재정 상태를 잘 파악하는 것이다. 그래야만 금융의 도움을 받으면서도 경제적으로 안정된 생활을 이어갈 수 있다.

〈 신용카드와 대출 〉

구분	신용카드	대출
정의	은행이나 카드 회사에서 제공하는 서비스로, 소비자가 물건을 구매하거나 서비스를 이용할 때 현금을 사용하지 않고 미리 정해진 한도 내에서 신용으로 결제할 수 있게 해주는 카드.	은행이나 금융기관이 일정 조건 하에 개인이나 기업에게 일정 기간 동안 사용할 수 있도록 일정 금액의 돈을 빌려주는 것. 대출받은 돈은 약속된 기간 내에 원금과 이자를 함께 상환해야 함.
주요용도	- 일상생활에서의 물품 구매 -온라인 쇼핑 - 긴급 자금 필요 시 사용	- 주택 구매(주택담보대출) - 교육비 마련(학자금 대출) - 사업자금(사업자 대출)
이자 및 수수료	결제 후 정해진 기간 내에 전액을 상환하면 이자가 발생하지 않음. 하지만 일부만 상환하거나 기한을 넘겨 상환할 경우 이자가 발생함.	대출 금액과 기간, 금리에 따라 이자가 계산되며, 대출 시점에 따라 변동금리 또는 고정금리가 적용될 수 있음.
상환조건	매월 결제일에 이용 금액을 상환. 최소 납부 금액 이상을 납부해야 하며, 전액 납부를 권장함.	대출 기간 동안 원금과 이자를 함께 분할하여 상환. 상환 방식은 대출 상품에 따라 다양함(원금균등상환, 원리금균등상환 등).
주의사항	- 신용카드 대금 미납 시 신용등급에 영향을 줄 수 있음. - 불필요한 지출을 유발할 수 있으므로 사용 시 주의 필요.	- 대출 이자율과 상환 조건을 잘 확인하여야 함 - 대출금 상환 불이행 시 신용등급에 영향을 줄 수 있음.

세금과
나의 경제

세금은 경제생활에서 피할 수 없는 부분이다. 우리가 내는 세금은 사회의 공공선을 위해 사용된다. 여기서 중요한 것은 세금의 역할과 그것이 우리의 경제생활에 미치는 영향을 이해하는 것이다.

세금의 역할

1. 공공 서비스 제공

우리가 내는 세금은 도로, 학교, 병원 등 공공 서비스를 제공하는 데 사용된다. 이러한 서비스는 개인이나 조직이 독자적으로 구축하기 어려운 것들이기 때문에, 세금을 통해 비용을 분담하고 혜택을 나누는 것이다.

2. 재분배 기능

세금은 사회경제적 격차를 줄이는 중요한 역할을 한다. 고소득층에서 더 많은 세금을 걷어 저소득층이나 사회복지 프로그램에 재투자함으로써 경제적 평등을 이루는 것이다.

3. 경제 안정화

정부는 세금을 조정함으로써 경제 과열이나 침체를 방지하는 정책을 시행할 수 있다. 예를 들어, 경제가 과열될 때는 세금을 올려 소비를 줄이고, 경제가 침체할 때는 세금을 낮춰 소비와 투자를 촉진할 수 있다.

나의 경제와 세금

개인적인 관점에서, 세금은 우리의 소득에서 일정 부분을 차지하여 소비, 저축, 투자 계획에 영향을 미친다. 따라서 좋은 세금 계획을 세우는 것이 중요하다.

1. 세금 계획

연말정산과 세액 공제 항목을 잘 활용하면 세금 부담을 줄일 수 있다. 연말정산 시 의료비, 교육비, 기부금 등을 공제받을 수 있다. 이를 통해 세금을 적게 내거나 환급받을 수 있다. 따라서, 세금 계획을 잘 세우는 것이 중요하다.

2. 소득 신고

모든 소득을 정확하게 신고하고 세금을 내는 것은 매우 중요하다. 이런 행동은 불이익을 방지하는 데 도움이 된다. 또한, 나중에 정부의 지원이나 다양한 혜택을 받을 기회를 높일 수 있다. 소득을 숨기거나 신고를 소홀히 하면 법적인 문제에 직면할 수도 있다. 따라서, 모든 소득을 성실히 신고하는 것이 장기적으로 볼 때 자신에게 이익이 된다.

세금을 잘 이해하고 관리하는 것은 개인 경제를 유지하고 발전시키는 데 필수적이다. 세금에 대한 지식은 우리가 사회 일원의 책임을 다하면서도 재정적 이익을 극대화하는 데 도움을 준다.

연말정산

연말정산은 한 해 동안 근로자가 낸 소득세와 실제로 내야해야 할 세금을 비교하여 정산하는 과정이다. 쉽게 말해, 한 해 동안 월급에서 미리 떼어간 세금과 실제로 내야 할 세금의 차이를 계산하는 것이다. 이과정에서 세금을 더 냈다면 돌려받고, 덜 냈다면 추가로 납부하게 된다.

1. 자료 수집

연말정산을 위해서는 각종 서류와 자료를 준비해야 한다. 예를 들어, 의료비, 교육비, 기부금, 보험료 등의 지출 내용을 증명할 수 있는 서류가 필요하다.

2. 회사 제출

준비한 서류를 회사에 제출하면, 회사는 이를 바탕으로 소득세를 재계산한다.

3. 세금 정산

회사는 재계산된 세금을 기준으로, 이미 낸 세금과 비교하여 차액을 정산한다. 과납하면 환급을 받고, 미납하면 추가로 내게 된다.

4. 연말정산의 중요성

- **세금 환급** : 연말정산을 통해 과납한 세금을 돌려받을 수 있다. 이는 일종의 '13월의 월급'처럼 느껴질 수 있다.
- **세금 절감** : 공제 항목을 잘 활용하면 세금 부담을 줄일 수 있다. 예를 들어, 본인이나 가족의 의료비, 교육비, 기부금 등이 공제 대상에 포함될 수 있다.
- **소득 파악** : 연말정산을 통해 자신의 연간 소득과 지출을 정리하

고 파악할 수 있다.

이런 과정들을 통해 연말정산을 잘 준비하면, 세금 부담을 줄이고 환급을 받을 기회를 최대한 활용할 수 있다.

나만의 예산
작성법

일상에서 자신의 수입과 지출을 체계적으로 관리하는 것은 경제적 안정성을 유지하고 재정적 목표를 달성하기 위한 첫걸음이다. 효과적인 예산 계획을 세우기 위해서는 먼저, 매달 정확히 얼마의 수입이 들어오는지 파악하는 것이 중요하다. 이때, 정기적인 월급 외에도 부업이나 재능을 활용한 추가 수입, 기타 수입원까지 고려해야 한다. 예를 들어, 온라인 시장 판매 수익, 혹은 주식 및 투자로부터의 배당금 등이 여기에 포함될 수 있다.

　재정 관리는 단순히 현재의 수입과 지출을 파악하는 것을 넘어, 장기적인 경제적 안정성을 확보하고 미래의 재정적 목표를 달성하는 데 중요한 역할을 한다. 체계적인 예산 계획을 통해 절약 습관을 기르고, 불필요한 지출을 줄이며, 저축 및 투자에 대한 계획을 세울 수 있다. 이러한 재정 관리는 긴급 상황에서의 대비책을 마련하고, 은퇴 후의 생활을 준비하며, 큰 재정적 결정을 내릴 때 도움이 된다. 장기적으로는 재정적 스트레스를 줄이고, 원하는 삶의 질을 유지하는 데 크게 도움이 될 수 있다.

수입을 파악한 후에는 지출을 크게 두 가지 범주로 나누어 관리하는 것이 좋다.

첫 번째는 생활을 유지하기 위해 필수적으로 지출되는 비용으로, 주거비(월세 또는 전세자금 대출 이자), 식비, 교통비 등이 여기에 속한다.

두 번째는 선택적인 지출로, 여가 활동, 취미 생활, 외식, 여행 등 자신의 삶을 풍요롭게 하는 데 사용되는 비용이다. 이 부분은 개인의 생활 방식과 가치관에 따라 크게 달라질 수 있으며, 재정 상황에 맞게 조절할 수 있다. 예를 들어, 한 달에 영화 관람을 2회로 제한하거나, 고급 레스토랑 대신 가성비 좋은 식당을 선택하는 것이 여기에 해당한다.

이렇게 수입과 지출을 명확히 파악하고 기록하는 것은 예산을 관리하는 데 있어 매우 중요하다. 특히, 지출을 기록함으로써 어떤 부분에 불필요하게 지출이 이루어지고 있는지 파악할 수 있으며, 이를 통해 저축을 늘리고 재정적 목표를 더욱 빠르게 달성할 수 있다. 예를 들어, 매달 카페에서 사용하는 비용을 줄여 커피를 집에서 직접 만들어 마시는 식으로 절약할 수 있다.

이처럼 체계적인 예산 관리는 재정 상태를 개선하고, 장기적인 재정 목표를 달성하기 위한 중요한 도구이다. 수입과 지출을 정확히 파악하고 관리함으로써 불필요한 지출을 줄이고, 저축과 투자를 통해 재정적 안정성을 확보할 수 있다.

자신의 생활 방식과 소비 습관을 정직하게 평가하는 것은 개인 재정 관리의 핵심이다. 이는 자신이 돈을 어떻게 사용하고 있는지, 어떤 부분에서 불필요한 지출이 발생하고 있는지 명확히 파악할 수 있게 해준다. 예를 들어, 퇴근 후 자주 방문하는 카페에서의 지출, 주말마다 이루어지는 쇼핑, 혹은 정기적으로 구독하는 서비스 중 실제로 이용하지 않는 것들의 비용 등을 자세히 살펴보는 것이 포함된다. 이러한 분석을 통해 어떤 지출이 필수적인지, 어디서 비용을 줄일 수 있는지 구체적인 방안을 세울 수 있다.

이 과정에서 예산 관리 앱이나 도구를 활용하는 것은 매우 유용하다. 가계부 앱은 사용자가 실시간으로 지출을 기록하고, 이를 분류하여 관리할 수 있게 해준다. 이를 통해 어느 카테고리에 얼마나 지출이 이루어졌는지 쉽게 확인할 수 있고, 예산 초과를 방지할 수 있다. 또한, 많은 가계부 앱은 사용자의 지출 패턴을 분석하여 저축 목표를 달성하기 위한 조언을 제공하기도 한다.

자신만의 규칙을 설정하고 이를 지키려는 노력도 매우 중요하다. 예를 들어, 매달 일정 금액을 저축 계좌로 자동 이체하도록 설정하거나, 특정 금액 이상의 큰 지출은 반드시 24시간 생각하는 기간을 가진 후 결정하는 등의 규칙을 만들 수 있다. 또한, 월간 예산을 초과하지 않도록 주기적으로 자신의 지출 상황을 점검하는 습관을 들이는 것도 중요하다. 예를 들어, 일요일마다 그 주에 발생한 지출을 검토하고 다음 주의 예산 계획을 조정하는 것이 좋다.

이렇게 자신의 소비 습관을 정직하게 평가하고, 예산 관리 도구를 활용하며, 꾸준히 자신의 규칙을 따르는 노력을 통해 재정적 목표를 달성하는 것이 가능하다. 이는 단순히 돈을 저축하는 것을 넘어서, 재정적 자유와 안정을 향한 중요한 발걸음이 될 것이다.

2

일상에서 발견하는
경제의 원리

수요와 공급의 법칙, 생활 속에서 찾기

수요와 공급의 법칙은 경제학의 기본 원리 중 하나이다. 이 법칙은 시장에서 상품이나 서비스의 가격이 어떻게 결정되는지를 설명해 준다. 간단하게 말하자면, 상품이나 서비스에 대한 사람들의 '원하는 양'(수요)과 '제공할 수 있는 양'(공급)에 따라 그 가격이 결정된다는 것이다.

1. 수요

수요는 간단히 말하자면 우리가 어떤 상품이나 서비스를 얼마나 갖고 싶어 하는지를 말한다. 가격이 싸면 싸질수록, 우리는 그 상품을 더 많이 사고 싶어 한다. 예를 들어 아이스크림을 생각해 보자. 아이스크림 가격이 내려가면, 아이스크림을 사려는 사람이 많아진다. 이처럼 가격과 우리가 사고 싶어 하는 양 사이의 관계를 '수요의 법칙'이라고 한다. 이 법칙은 경제에서 매우 중요한 원리 중 하나이다.

2. 공급

상품이나 서비스를 시장에 얼마나 내놓을 수 있는지를 뜻한다. 가격이 오르면 생산자들은 더 많이 팔고 싶어 한다. 예를 들어 아이스크림 가격이 오르면, 아이스크림 만드는 사람들은 더 많이 만들어서 팔고 싶어 한다. 이처럼 가격과 생산량 사이의 관계를 '공급의 법칙'이라고 한다. 이 법칙은 경제에서 중요한 원리 중 하나이다.

3. 가격 결정

상품이나 서비스의 가격은 수요와 공급이 만나는 지점에서 결정된다. 즉, 사람들이 얼마나 많이 사고 싶어 하는지와 판매자가 얼마나 많이 팔고 싶어 하는지에 따라 가격이 정해진다. 만약 소비자들이 많이 구매하려고 하고, 동시에 판매자들도 많이 팔려고 할 때, 이 둘은 어느 한 지점에서 만나게 된다. 그 지점이 바로 '시장균형'이라고 불리는 곳이다. 여기서 가격은 소비자와 생산자 모두에게 적당한 수준에서 정해지게 된다. 이런 식으로 시장에서는 상품이나 서비스의 가격이 자연스럽게 결정되는 것이다.

이러한 원리를 이해한다면, 왜 어떤 상품의 가격이 변하는지, 시장 경제에서 가격이 어떻게 중요한 역할을 하는지를 더 잘 이해할 수 있을 것이다.

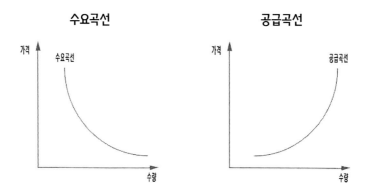

수요와 공급의 법칙은 일상생활 속 다양한 상황에서 활용될 수 있다.

1. 할인 시즌 쇼핑

많은 소매업체가 특정 시즌에 제품을 할인한다. 이는 소비자의 수요를 증가시키기 위한 전략이다. 가격이 낮아지면 더 많은 사람이 구매하고 싶어 하므로 수요가 증가한다. 이는 공급자가 재고를 빠르게 줄일 수 있게 한다.

2. 부동산 시장

부동산 가격은 지역의 수요와 공급 상황에 따라 크게 변동한다. 예를 들어, 특정 지역에 새로운 회사가 들어와 더 많은 일자리를 창출하면, 그 지역의 주택 수요가 증가하며 주택 가격이 상승한다. 반대로, 일자리가 감소하면 수요가 떨어지고 가격이 하락한다.

3. 기술 제품

새로운 기술 제품이 출시될 때 초기에는 공급이 제한될 수 있다. 많은 사람이 제품을 원하지만 쉽게 구할 수 없으므로 가격이 상당히 높게 설정된다. 시간이 지나면서 제품이 더 널리 생산되고 공급이 증가하면서 가격이 점차 감소한다.

4. 계절별 농산물

특정 농산물의 수요와 공급은 계절에 따라 변동한다. 예를 들어, 여름에는 수박의 수요가 높지만, 겨울에는 수요가 감소한다. 한편, 여름에는 수박의 공급이 증가하여 가격이 상대적으로 낮아진다. 이것이 계절별 농산물의 가격이 변동하는 이유이다.

이러한 예시들은 일상생활에서 수요와 공급의 법칙이 어떻게 적용되는지 보여준다. 이 원칙을 이해함으로써 경제적 결정을 내리는 데 도움을 받을 수 있다.

시장 경제와 내 지갑 사이

시장 경제는 개인과 기업이 주로 경제 활동을 주도하는 자유 경제 체제의 한 형태이다. 이 체제에서 자원 배분과 상품 및 서비스의 가격은 시장 내의 공급과 수요에 의해 결정된다. 경쟁은 이 시스템에서 중요한 역할을 하며, 효율성과 혁신을 촉진한다.

시장 경제의 핵심 특징은 다음과 같다.

1. 자유 경쟁
기업 간의 자유 경쟁은 상품과 서비스의 품질 향상 및 가격 결정에 도움이 된다.

2. 소비자 주권

소비자의 선택이 시장에서 어떤 상품이나 서비스가 성공하거나 실패하는지를 결정한다. 소비자는 자신의 요구와 욕구에 가장 잘 부합하는 상품과 서비스를 자유롭게 선택할 수 있다.

3. 자원의 자유로운 이동

노동, 자본, 상품은 경제 기회를 찾아 자유롭게 이동할 수 있다.

4. 사유재산권

생산 수단의 대부분은 개인이나 기업이 소유하며, 이들은 자신의 이익을 극대화하기 위해 경제 활동에 자유롭게 참여할 수 있다.

5. 정부의 역할

정부의 역할은 시장 실패를 교정하고, 공공재를 제공하며, 경제 안정과 성장을 촉진하기 위해 기본적인 법률과 규정을 설정하는 데에 한정된다.

시장경제의 장점은 다음과 같다.

- **효율성** : 경쟁을 통해 자원이 가장 효율적으로 배분된다.
- **혁신 촉진** : 기업들은 경쟁 우위를 확보하기 위해 지속해서 혁신한다.

- **소비자 선택의 다양성** : 시장에서는 다양한 상품과 서비스가 제공
  되어 소비자의 선택권이 확대된다.

시장경제의 단점은 다음과 같다.
- **불평등 증가** : 경제적 성공이 불균등하게 분배되어 사회적 불평등
  을 초래할 수 있다.
- **시장 실패** : 공공재의 제공, 외부성, 독점과 같이 시장 메커니즘이
  제대로 기능하지 않는 경우가 있다.
- **경제 불안정** : 경제 주기로 인해 경제 불안정, 예를 들어 경기 침체
  가 발생할 수 있다.

시장 경제는 이러한 특성과 장단점을 가지고 있으며, 각국은 이를 보
완하기 위한 다양한 정책과 제도를 시행하고 있다.

시장 경제와 개인의 지갑 사이에는 밀접한 관계가 있다. 시장 경제는
공급과 수요의 법칙에 따라 가격이 결정되는 경제 체제로, 개인들은 자
신의 이익을 추구하며 경제 활동에 참여한다. 이 체제에서 우리는 소비
자로서 중요한 임무를 수행한다.

첫째, 소비자 선택의 자유는 시장 경제의 핵심 요소 중 하나이다. 다
양한 제품과 서비스가 경쟁하는 시장에서 소비자인 우리는 선택의 기

회가 많아진다. 이는 우리가 필요로 하거나 원하는 것을 결정할 권리를 의미하며, 특정 제품이나 서비스에 지갑을 열기로 결정하면 그 선택이 시장에서 해당 제품이나 서비스의 성공 가능성을 높이는 중요한 신호가 된다. 이는 소비자 선택이 시장 경제 내에서 얼마나 큰 영향력을 가졌는지 보여준다.

둘째, 가격 변동성은 시장 경제의 또 다른 중요한 특징이다. 제품과 서비스의 가격은 공급과 수요의 변화에 따라 지속해서 변동한다. 예를 들어, 특정 제품에 대한 수요가 증가하면 그 제품의 가격이 오를 가능성이 높다. 가격 변동은 우리의 구매 결정에 직접적인 영향을 미치며, 가격이 오를 때는 더 많은 돈을 지급해야 하고, 가격이 내릴 때는 더 적은 돈으로 같은 가치를 얻을 수 있다.

셋째, 소득과 소비 사이의 관계도 시장 경제에서 중요한 역할을 한다. 개인의 소득은 주로 노동 시장에서 자신의 가치에 의해 결정된다. 고급 기술이나 전문 지식을 가진 사람들은 더 높은 소득을 얻을 가능성이 높다. 소득 수준은 우리가 얼마나 많이 소비할 수 있는지, 즉 우리 지갑의 두께를 결정하는 중요한 요소이다. 따라서, 개인의 경제적 성공은 시장 경제 내에서의 그들의 위치와 소비 능력에 크게 의존한다.

넷째, 경제 정책과 규제의 영향은 개인의 지갑과 직접적으로 관련이 있다. 정부의 경제 정책과 규제는 시장 경제의 작동 방식에 영향을 미치며, 이는 개인의 소득과 지출에도 영향을 미친다. 세금 정책, 소비자 보호 정책, 최저 임금 설정 등의 정책은 우리가 벌고 쓰는 돈에 직접적인 영향을 미친다.

이처럼 시장 경제와 개인의 지갑 사이에는 밀접한 관계가 있으며, 시장 경제의 원리를 이해하는 것은 우리가 더 현명한 경제 결정을 내리는 데 도움이 될 수 있다.

시장 경제와 개인의 지갑 사이의 관계는 일상생활에서 다양한 형태로 나타날 수 있다.

1. 계절에 따른 과일 가격 변동

과일 가격은 계절에 따라 크게 변동하고 있다는 것이다. 이는 공급과 수요 법칙에 의한 것이다. 예를 들어, 여름에는 수박이 풍부하므로 가격이 상대적으로 저렴하다. 반면, 겨울에는 수박의 공급이 줄어들어 가격이 올라간다. 이처럼 시장 경제에서의 공급과 수요 변화는 직접적으로 우리 지갑에 영향을 미치고 있다. 계절에 따라 다른 과일을 구매하는 등의 소비 결정을 내리게 된다는 것이다.

2. 신제품 출시와 가격 경쟁

새로운 스마트폰이나 전자 제품이 시장에 출시될 때, 초기에는 높은 가격에 판매되는 경우가 있다. 하지만 시간이 지나고 경쟁 제품들이 시장에 출시되면서, 가격 경쟁이 발생한다. 이에 따라 소비자는 더 낮은 가격에 제품을 구매할 기회가 생긴다. 이러한 경쟁은 소비자로서는 더 좋은 가격에 제품을 구매할 기회가 되고 있다. 이는 시장 경제의 경쟁 원리가 어떻게 소비자의 이익으로 작용하고 있는지 보여주고 있다.

3. 경제 위기와 소비자 지출

경제 위기가 발생하면, 많은 사람의 소득이 감소하고 실업률이 증가한다. 이러한 상황에서 개인은 소비를 줄이고 저축을 늘리려는 경향이 있다. 예를 들어, 외식을 줄이고 집에서 식사를 준비하거나, 불필요한 지출을 줄이는 등의 조처를 하게 된다. 경제 전반에 걸친 이러한 변화는 시장 경제의 상황이 개인의 지갑에 직접적인 영향을 미치고 있다는 방법을 보여주고 있다.

4. 정부 정책과 소비자 혜택

정부가 세금 감면, 보조금 지급, 또는 특정 상품에 대한 세금 인상 등의 경제 정책을 시행할 때, 이는 직접적으로 소비자의 지출 패턴에 영향을 미친다. 예를 들어, 정부가 전기차 구매에 대해 보조금을 지급하면, 소비자는 전기차 구매를 더 쉽게 고려하게 된다. 이러한 정책은 시장 내에서 선택과 소비자의 지갑 사이에 어떠한 영향을 미치고 있다는 것을 보여주고 있다.

이처럼 시장 경제의 다양한 원리와 변화는 우리 일상생활의 소비 패턴과 직결되어 있으며, 이를 이해하는 것은 현명한 소비 결정을 내리는 데 도움을 주고 있다.

왜 물건 가격이
올라갈까?

물건 가격이 오르는 이유는 원자재 비용 증가, 생산 및 노동 비용 상승, 수요 대비 공급 부족, 환율 변동으로 인한 수입 비용 증가, 그리고 인플레이션으로 돈의 가치가 떨어지는 현상 때문이다. 이러한 요소들이 복합적으로 작용하여 물건의 가격을 상승시킨다.

첫째, 원자재 가격의 상승이 있다. 제품을 만드는 데 필요한 기본 재료 비용이 올라가면, 그 제품을 생산하는 전체 비용도 자연스럽게 증가한다. 예를 들어, 케이크를 만들 때 주요 재료인 밀가루와 설탕의 가격이 상승한다면, 이 두 가지 재료에 대한 지출이 늘어난다. 이는 케이크 제조 비용을 증가시키며, 결국 제조업자는 이 증가한 비용을 소비자에게 전가하기 위해 케이크의 판매 가격을 올릴 수밖에 없다. 따라서, 원자재 가격의 상승은 최종 제품 가격의 상승으로 이어지며, 이는 소비자가 부담해야 하는 비용 증가로 직결된다. 이러한 과정은 케이크뿐만 아니라 다양한 제품과 서비스에도 같이 적용되어, 광범위한 경제적 영향을 끼치게 된다.

둘째, **생산 비용의 증가**가 있다. 생산 비용이란 상품을 만들기 위해 필요한 모든 비용을 의미한다. 이 중에서도 특히 노동비용과 제조 비용의 상승이 중요한 요인이다. 예를 들어, 최저임금이 올라가면 기업은 직원들에게 더 많은 임금을 지급해야 한다. 이와 동시에, 공장 운영에 필요한 전기, 가스, 물 등의 유틸리티 비용이 상승하면, 이 또한 생산 비용을 증가시킨다. 이러한 비용의 증가는 결국 상품의 최종 가격에 반영된다. 기업들은 증가한 생산 비용을 소비자에게 전가하기 위해 상품 가격을 인상할 수밖에 없다. 이에 따라 소비자는 같은 양의 상품이나 서비스를 구매하기 위해 더 많은 돈을 지급해야 한다. 따라서, 노동비용과 제조 비용의 상승은 상품의 가격을 증가시키는 주요 요인 중 하나이며, 이는 최종 소비자뿐만 아니라 전체 경제에도 영향을 미치며, 물가 상승과 같은 현상을 초래할 수 있다.

셋째, **수요와 공급의 법칙**에 의한 것이다. 시장경제에서 가격은 수요와 공급으로 결정된다. 많은 사람이 원하고 구매하려는 상품의 양이 제한적일 때, 즉 공급이 수요를 충족시키지 못할 때, 그 상품의 가격은 자연스럽게 상승한다. 이는 구매자들 사이의 경쟁이 가격을 끌어올리기 때문이다. 예를 들어, 한정판 스니커즈는 제작 수량이 제한되어 있어 수요가 공급을 초과한다. 이러한 상황에서 구매자들은 해당 스니커즈를 소유하기 위해 더 높은 가격을 지급할 용의가 있다. 결과적으로, 한정판 스니커즈의 가격은 일반 스니커즈보다 훨씬 높게 책정된다. 이 법칙은 모든 상품과 서비스에 적용된다. 수요가 많고 공급이 제한된 모든 상품이나 서비스는 가격이 상승하는 경향이 있다. 반대로, 수요보다 공급이 훨씬 많은 경우 가격이 하락할 수 있다. 이러한 방식으로 시장은 공급과 수요의 균형을 찾으려고 한다.

넷째, 환율 변동이다. 우리나라 화폐의 가치가 떨어지면(즉, 환율이 상승하면), 외국에서 원자재를 수입할 때 더 큰 비용이 든다. 이렇게 원자재 수입 비용이 증가하면, 상품을 만드는 전체 비용도 함께 올라간다. 결과적으로, 이는 수입 상품의 소매 가격 상승으로 이어진다. 따라서 환율의 상승은 소비자가 지급해야 하는 가격을 증가시키는 중요한 요소가 된다.

다섯째, 인플레이션이다. 인플레이션은 돈의 가치가 전반적으로 떨어지는 현상이다. 이에 따라 같은 양의 돈으로 이전보다 더 적은 양의 상품을 구매할 수 있게 된다. 즉, 소비자가 구매할 수 있는 구매력이 감소한다. 결과적으로 모든 상품의 가격이 상승하게 되며, 이는 소비자에게 더 높은 가격 부담을 초래한다.

이러한 요인들은 서로 복잡하게 얽혀 상품 가격 변동에 영향을 미친다. 이러한 경제 원리를 이해함으로써, 가격 변동을 더 잘 예측하고 대응할 수 있다.

물가가 소비자에게 미치는 영향

물가가 상승하면 소비자에게 여러 가지 영향을 미친다. 먼저, 구매력 감소가 가장 직접적인 영향이다. 물가가 오르면 동일한 금액으로 구매할 수 있는 상품과 서비스의 양이 줄어든다. 이에 따라 소비자의 생활비 부담이 커지고, 필수품이나 일상적인 서비스의 비용이 증가하여 가계의 경제적 압박이 심해진다.

물가 상승은 소비자의 소비 패턴에도 영향을 미치고 있다. 소비자들은 가격 상승으로 인해 저렴한 대체 상품을 찾거나, 불필요한 지출을 줄이는 등의 방법으로 대응하고 있다. 이는 전반적인 소비 수준의 감소로 이어지고 있으며, 장기적으로는 경제 성장에 부정적인 영향을 미칠 수 있다.

물가 상승은 소비자 심리에도 영향을 미치고 있으며, 이는 경제에 대한 불확실성을 증가시키고 있다. 소비자들이 미래의 물가 상승을 예상하면, 더 많은 저축을 하려는 경향이 생기고 있고, 이에 따라 소비가 더욱 감소할 수 있다.

물가 상승은 소비자의 구매력 감소, 생활비 부담 증가, 소비 패턴 변화, 경제적 불확실성 증가 등 다양한 방식으로 소비자에게 영향을 미치고 있으며, 이러한 변화는 경제 전반에 걸쳐 파급 효과를 발생시키고 있다.

인플레이션과 나의 경제생활

인플레이션은 시간이 지남에 따라 상품과 서비스의 일반적인 가격 수준이 상승하는 현상을 말한다. 이는 동일한 금액으로 구매할 수 있는 상품이나 서비스의 양이 줄어들게 하여, 사실상 구매력이 감소하는 결과를 초래한다. 인플레이션의 원인은 다양하며, 수요 증가, 생산 비용 상승, 화폐 공급량 증가 등이 포함된다. 인플레이션은 경제에 여러 가지 영향을 미치며, 적당한 수준의 인플레이션은 경제 성장을 촉진할 수 있지만, 지나치게 높은 인플레이션은 경제에 부정적인 영향을 끼칠 수 있다.

인플레이션이 나의 경제생활에 미치는 영향

이 현상이 당신의 경제생활에 미치는 영향은 크게 몇 가지로 나눌 수 있다.

1. 구매력 감소

인플레이션은 상품과 서비스의 가격이 상승하는 현상이다. 예를 들어, 인플레이션 전에는 1만 원으로 구매할 수 있던 햄버거가 인플레이션 후에는 1만 2천 원이 필요하다. 이는 우리가 가진 돈의 구매력이 감소했다는 것을 의미한다. 즉, 과거에 비해 동일한 금액으로 적은 양의 상품이나 서비스를 구매할 수 있다. 따라서 상품을 구매할 때 더 많은 돈을 지급해야 한다. 이처럼 인플레이션은 우리의 경제생활에 큰 영향을 미친다.

2. 저축 가치 하락

인플레이션이 높은 환경에서는 시간이 지날수록 저축한 돈의 구매력이 줄어들게 된다. 이는 동일한 돈으로 더 적은 양의 상품이나 서비스를 구매할 수 있다는 뜻이다. 따라서, 높은 인플레이션을 예상한다면, 단순히 현금으로 돈을 보유하는 것보다는 투자를 통해 그 가치를 유지하거나 심지어 늘릴 방법을 찾아야 한다. 이는 현금의 실질 가치가 시간이 지나며 감소하는 것을 방지하고, 경제적 가치를 보호하거나 증가시킬 방법이 될 수 있다.

3. 금리 변동

일반적으로 중앙은행은 인플레이션을 조절하기 위해 금리를 조정한다. 인플레이션이 높을 때는 금리를 올려 인플레이션을 억제하려고 하며, 이는 대출 이자율 증가로 이어져 대출받는 비용이 더 커질 수 있다.

4. 임금 상승 압력

물가가 오르면 생활비가 증가하기 때문에 노동자들은 더 높은 임금을 요구하게 된다. 이는 기업의 비용 증가로 이어질 수 있으며, 때로는 이러한 비용이 다시 제품 가격에 반영되어 인플레이션을 더욱 촉진할 수 있다.

근원인플레이션율

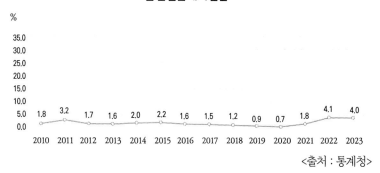

<출처 : 통계청>

경제 성장이 개인에게
미치는 영향

경제 성장이란 국가의 경제가 시간이 지나며 확대되고, 생산과 서비스의 양이 증가하는 현상이다. 이것은 주로 국내총생산GDP의 증가로 측정되고 있다. 경제 성장이 중요한 이유는 여러 가지가 있는데, 가장 큰 이유는 사람들의 생활 수준을 향상하게 시키고, 더 많은 일자리를 창출하며, 정부의 세수를 늘려 공공 서비스를 개선할 수 있기 때문이다.

개인에게 미치는 영향으로는 다음과 같은 점들을 들 수 있다.

1. 소득 증가

경제가 성장하면 기업들의 수익이 증가하게 되고, 기업들은 직원들에게 더 높은 임금을 지급할 수 있게 된다. 이에 따라 개인의 생활 수준이 향상된다. 예를 들어, 더 좋은 음식을 사 먹고, 새 옷을 사며, 더 자주 여행을 갈 수 있게 된다. 결국, 경제 성장은 우리의 삶을 더욱 윤택하게 만들어 준다.

2. 일자리 창출

경제가 성장하면 새로운 회사들이 생겨나고, 기존의 회사들은 커질 기회를 잡게 된다. 그 결과, 많은 일자리가 새롭게 창출되고 더 많은 사람이 일하게 되면서 실업률이 낮아진다. 경제 성장은 우리 사회에 더 많은 직업을 제공하고, 모든 사람이 일할 기회를 늘려준다.

3. 사회 복지 향상

경제 성장으로 정부 수입이 증가하게 되면, 정부는 교육, 보건, 사회 보장과 같은 공공 서비스에 더 많은 투자를 할 수 있다. 이러한 투자는 국민 삶의 질을 전반적으로 향상하는 데 도움이 된다. 따라서, 경제 성장은 국민의 삶을 더 나은 방향으로 이끌 수 있는 중요한 역할을 한다고 할 수 있다.

4. 물가 안정

경제가 지속해서 성장하면 물가 상승률이 안정적으로 유지된다. 이 상황은 소비자들이 물가 변동에 대한 우려 없이 소비 계획을 세울 수 있게 해준다. 따라서, 우리의 일상생활에서 경제적 안정성이 증가한다. 결국, 경제의 지속적인 성장은 물가 안정에 도움이 되며, 소비자들이 더 안정적으로 소비 결정을 할 수 있는 기반을 제공한다.

5. 소비와 투자의 증가

개인의 소득이 증가하면 소비 여력도 함께 상승한다. 이에 따라 다양한 제품과 서비스에 대한 수요가 증가하며, 이는 경제 성장을 촉진한다. 예를 들어, 사람들이 더 많은 여행을 하게 되면 관광 산업이 활성화되고, 이는 관련 분야의 일자리 창출과 경제 성장을 가져온다.

6. 부동산 가치 상승

경제 성장은 부동산 시장에도 긍정적인 영향을 미친다. 경제가 좋아지면 사람들이 집을 사거나 투자할 여력이 생기며, 이는 부동산 가치의 상승으로 이어진다. 예를 들어, 지역 경제가 활성화되면 해당 지역의 부동산 가격이 상승할 수 있고, 이는 부동산 소유자들에게 이익을 준다.

이처럼 경제 성장은 개인의 소득 증가, 생활비 안정성, 생활 수준의 향상, 소비와 투자의 증가, 부동산 가치 상승 등 여러 방면에서 긍정적인 영향을 미치며, 일상생활의 질을 향상한다.

세계화가 나의 경제에
끼치는 영향

세계화는 국가 간의 경제, 문화, 기술적 장벽이 낮아지면서 전 세계가 서로 더 밀접하게 연결되는 현상이다. 이 과정은 국제 무역, 투자, 정보 기술의 발전, 그리고 사람들의 이동 증가로 촉진되었다. 이것은 당신의 경제에 여러 가지 방식으로 영향을 미친다.

1. 상품과 서비스의 다양성 증가

전 세계 여러 나라에서 생산되는 상품과 서비스에 대한 접근성을 높인다. 이에 따라, 소비자는 그 어느 때보다 다양한 선택의 폭을 가지게 된다. 예를 들어, 겨울철에도 신선한 과일을 맛볼 수 있거나 전 세계의 영화와 음악을 쉽게 즐길 수 있게 되어 문화적 다양성을 체험할 기회가 늘어난다. 이는 국경을 넘어서 상품과 문화가 자유롭게 흐르게 함으로써 가능해진다. 따라서 세계화는 소비자에게 더 넓은 선택권과 경험을 제공한다. 이처럼, 세계화는 상품과 서비스의 다양성을 증가시키는 중요한 역할을 한다.

2. 가격 경쟁력 향상

국가 간 경계를 허물고 시장을 하나로 연결하여 국제적인 경쟁을 촉진한다. 이러한 경쟁은 상품과 서비스의 가격을 인하하는 효과를 가져온다. 특히, 해외에서 생산 비용이 적은 상품들이 국내 시장에 진입할 경우, 이는 국내 소비자들에게 더 낮은 가격으로 상품을 제공할 기회가 된다. 예를 들어, 노동비용이 저렴한 국가에서 제조된 의류나 전자제품이 국내 시장에 수입될 때, 소비자들은 품질이 유사한 상품을 더 저렴한 가격으로 구매할 수 있다. 이는 소비자의 구매력을 증진하는 동시에 생활비 절감에도 도움이 된다. 그러나 이 과정에서 국내 제조업체들이 겪는 경쟁 압박도 고려해야 한다. 결론적으로, 세계화는 국제적 경쟁을 통해 상품과 서비스의 가격 인하를 가져오며, 이는 소비자에게 긍정적인 혜택을 제공한다.

3. 일자리 창출과 소멸

세계화는 전 세계 시장에서의 경쟁을 촉진한다. 이 과정에서 국제적으로 경쟁력이 높은 산업은 확장되며, 그 결과 더 많은 일자리가 창출

된다. 예를 들어, 기술과 정보기술 분야에서 혁신을 이끄는 기업들은 세계 시장에서 큰 성공을 거두며 새로운 고용 기회를 제공한다. 반면, 해외 경쟁에 밀리는 산업은 생산 비용 절감을 위해 자동화를 도입하거나 해외로 생산 기지를 이전할 수 있으며, 이는 국내에서의 일자리 감소로 이어진다. 예를 들어, 제조업에서는 저렴한 노동력을 찾아 해외로 공장을 이전하는 경우가 많다. 따라서 세계화는 산업별로 다른 영향을 미치며, 일자리 창출과 소멸이 동시에 일어난다. 이러한 변화는 경제 내에서 균형을 재조정하고, 새로운 기회와 도전을 제공한다.

4. 경제 성장

세계화는 국경을 넘어 상품과 서비스의 교류를 촉진하며, 이에 따라 국제 무역이 확대된다. 이러한 국제 무역의 확대는 국내 산업의 수출 기회를 늘리고, 다양한 해외 시장으로의 진출을 가능하게 한다. 또한, 해외 투자자들의 국내 시장 투자가 증가하여, 새로운 자본과 기술이 국내로 유입된다. 이 과정에서 국내 산업은 활성화되고, 생산성이 향상된다. 결과적으로, 더 많은 수출과 해외 투자는 경제 전반에 걸쳐 성장을 촉진한다.

세계화는 복잡한 현상으로, 그 영향은 긍정적인 측면과 부정적인 측면이 있다. 개인의 경제적 상황, 살고 있는 지역, 그리고 속한 산업에 따라 세계화의 영향은 다양하게 나타난다.

경제 위기 어떻게
대처할까?

경제 위기는 경제 활동이 급격히 감소하여 실업률이 증가하고 기업이 도산하는 등 국가 경제에 큰 손실이 발생하는 상황이다. 이를 극복하기 위해 정부는 재정 정책을 통해 경제에 자금을 주입하고, 소비와 투자를 촉진한다. 중앙은행은 금리를 조정하여 대출이 쉬워지도록 하여 경제 활성화를 꾀한다. 경제 신뢰 회복도 중요한데, 이는 소비자와 기업이 미래에 대한 믿음을 되찾게 함으로써 소비와 투자를 다시 활발하게 한다. 경제 위기 대처 방안은 정부와 중앙은행이 경제 활동을 장려하고, 신뢰를 회복하여 경제를 다시 성장시키는 데 초점을 맞춘다. 이러한 노력을 통해 경제는 점차 회복되어 간다.

1. 정부의 역할

정부는 경제 활성화를 위해 '재정 정책'을 사용한다. 이 정책을 통해, 정부는 돈을 경제에 투입하여 수요를 늘린다. 대표적으로, 대규모 공공 프로젝트를 통해 새로운 일자리를 만들기도 한다. 또한, 세금을 감소시켜 사람들이 더 많은 소비를 하도록 장려한다. 이러한 조치는 소비 증가를 통해 경제 전반의 활성화를 목표로 한다. 이러한 재정 정책은 경제 성장을 촉진하고 고용을 늘리는 데 도움이 된다.

2. 중앙은행의 역할

중앙은행은 경제 회복을 위해 '통화 정책'을 사용한다. 이 정책의 핵심은 이자율을 낮추는 것이다. 낮은 이자율로 인해 대출이 더욱 접근하기 쉬워진다. 이로써 개인과 기업들이 투자와 소비를 증가시킬 수 있다. 증가한 투자와 소비는 경제 활성화에 도움이 된다. 통화 정책은 경제 성장을 촉진하고 경제를 회복시키는 데 중요한 역할을 한다.

3. 소비자와 기업의 신뢰 회복

경제 위기 동안 사람들은 미래에 대한 불안으로 지출을 줄이려는 경향이 있다. 이런 상황에서 정부와 중앙은행의 역할이 매우 중요해진다. 그들은 경제에 대한 신뢰를 회복시켜야 한다. 신뢰가 회복되면, 사람들은 지출과 투자를 다시 시작한다. 따라서, 신뢰를 회복시키는 것은 경제 활성화에 필수적이다.

간단히 말해, 경제 위기에 대처하는 방법은 정부와 중앙은행이 다양한 조치를 하여 경제 활동을 장려하는 것이다. 이는 일자리 창출, 소비 촉진, 경제 신뢰 회복을 통해 이루어진다.

〈 재정정책과 통화정책의 차이 〉

구분	재정정책	통화정책
정의	정부의 지출과 세금을 조정하여 경제를 조절하는 정책	중앙은행이 금리 조정이나 화폐 공급량 조절을 통해 경제를 조절하는 정책
주체	정부	중앙은행
목적	경기 활성화, 실업률 감소, 인플레이션 조절 등 경제의 거시적 안정 추구	통화 가치의 안정, 인플레이션 조절, 경제 성장 촉진 등을 통한 경제의 안정화 추구
수단	정부 지출 증가, 세금 감소 등	기준금리 조정, 지급준비율 조정, 시장에 대한 개입 등
영향을 받는 주요변수	총수요, 공공 부문의 크기, 세수	금융 시장의 이자율, 대출 및 저축의 조건, 화폐 공급량
시행시기	경기가 침체될 때 확장적 재정정책을, 경기가 과열될 때는 긴축적 재정정책을 사용	경기 상황에 따라 확장적 또는 긴축적 통화정책을 실시
기대효과	단기간 내에 경제 활성화 가능성이 높으나 장기적인 국가부채 증가 가능성이 있음	중장기적으로 금리 조정을 통한 경제 안정화 가능하지만, 과도한 금리 인하는 인플레이션을 유발할 수 있음

역사 속 경제 사건에서 배우기

경제와 관련된 역사적 사건들은 인류의 경제 발전과 변화를 이해하는 데 중요한 역할을 한다. 아래는 몇 가지 중요한 경제적 역사적 사건들에 대한 설명이다.

1. 산업 혁명(18세기 후반 ~ 19세기 초반)

산업 혁명은 18세기 후반부터 19세기 초반에 걸쳐 영국에서 시작하여 전 세계로 퍼진 역사적 변화 과정이다. 이 시기에는 수공업 중심의 생산 방식에서 기계를 이용한 대량 생산으로의 전환이 있었다. 이 혁명은 경제, 사회, 문화 등 모든 분야에 걸쳐 광범위한 영향을 미쳤다.

산업 혁명의 시작은 다양한 기술적 발전과 밀접하게 연결되어 있다. 대표적인 예로, 1764년 제임스 하그리브스가 발명한 'spinning jenny(제니 방적기)', 1769년 리처드 아크라이트가 발명한 'water frame(수력 방적기)', 그리고 1779년 새뮤얼 크럼프턴이 발명한 'mule(뮬)' 등이 직물 산업의 대량 생산을 가능하게 했다. 이와 함께, 1769년 제임스 와트가 개선한 증기 기관은 산업 혁명을 상징하는 발명품으로, 제조업뿐만 아니라 교통수단에도 혁신적 변화를 불러왔다.

산업 혁명은 다음과 같은 중요한 변화를 불러왔다.

첫 번째로, 기계화된 생산 시설의 등장은 노동력 수요를 많이 증가시켰다. 그 결과, 많은 사람이 농촌 지역을 떠나 도시로 이동했으며, 이는 도시의 빠른 성장과 도시화의 가속화로 이어졌다. 농업 중심 사회에서 산업 중심 사회로의 전환은 도시 인구의 급격한 증가를 가져왔다.

두 번째로, 산업 혁명은 전통적인 사회 구조를 변화시켰다. 새로운 산업 노동 계급이 형성되었으며, 동시에 기업가와 자본가 계급이 성장했다. 이 시기에는 근로 조건, 임금, 근로 시간 등에 관한 다양한 사회적 문제가 대두되었다. 산업화는 사회 계층 간의 격차를 심화시켰으며, 노동 계급의 열악한 생활 조건은 사회적 불안을 초래했다.

세 번째로, 교통과 통신의 발달은 산업 혁명의 또 다른 중요한 결과이다. 증기 기관의 발명은 철도와 증기선의 등장을 가능하게 했으며, 이는 사람과 상품의 이동 속도를 혁신적으로 향상했다. 또한, 전신과 같은 통신 기술의 발전은 정보의 전달 속도를 많이 증가시켰다. 이는 지역 간의 연결을 강화하고 경제 활동의 범위를 확장했다.

네 번째로, 산업 혁명은 경제에 엄청난 영향을 미쳤다. 생산성의 대규모 증가는 국가의 경제적 부를 증가시켰다. 그러나 이 과정에서 불평등도 심화하였으며, 근로 조건의 열악함과 같은 사회적 문제도 발생했다. 산업화는 한편으로 경제 성장을 촉진했지만, 다른 한편으로는 환경오염, 자원 고갈, 사회적 불평등과 같은 문제를 초래했다.

이처럼, 산업 혁명은 현대 산업 사회의 기초를 마련했으며, 오늘날 우리가 누리는 많은 기술적, 경제적 혜택의 근원이 되었다. 그러나 동시에 환경오염, 자원 고갈, 사회적 불평등과 같은 다양한 문제를 낳았다. 산업 혁명은 인류 역사에서 중대한 사건이며, 그 긍정적이고 부정적인 영향을 모두 이해하는 것이 중요하다.

2. 대공황(1929년)

대공황은 1929년에 시작되어 1930년대 후반까지 전 세계적으로 영향을 미치고 있는 경제적 침체기이다. 이 시기는 경제 역사상 가장 길고 깊은 침체로 기록되고 있으며, 특히 1929년 10월 24일, 미국 뉴욕 증권 거래소에서 주가가 급락하기 시작하면서 대공황의 서막이 열리고 있다. 이날을 '검은 목요일'이라고 부르고 있으며, 이후 몇 주 동안 주가는 계속해서 하락하고 있다.

대공황의 원인은 다양하고 복합적이다. 첫째, 1920년대의 경제 호황기 동안 과도한 신용 확장과 주식 시장의 과열이 있었다. 많은 사람이 주식을 '마진'으로 구매하였고, 이는 주가가 하락하기 시작하면서 대규모의 채무 불이행으로 이어지고 있다. 둘째, 미국의 고립주의 정책과 보호무역주의는 세계 무역을 위축시키고 있다. 1930년에 시행된 스무트-할리 관세법은 미국으로 수입되는 상품에 높은 관세를 부과하여 다른 나라들의 보복 관세를 유발하고, 국제 무역을 많이 감소시키고 있다.

대공황의 영향은 전 세계적으로 광범위하다. 미국에서는 실업률이 25%에 달하고 있으며, 많은 은행이 파산하고 기업이 문을 닫고 있다. 유럽과 다른 지역에서도 경제적 어려움이 심화하고 있으며, 이는 국가마다 다양한 사회적, 정치적 변화를 초래하고 있다. 예를 들어, 독일에서는 경제적 불황이 나치즘의 부상에 기여하고 있다.

대공황을 극복하기 위한 노력으로 여러 나라에서는 다양한 경제 정책을 시행하고 있다. 미국에서는 프랭클린 D. 루스벨트 대통령이 '뉴딜 정책'을 통해 대대적인 공공사업 프로그램을 시작하고, 금융 시스템을 개혁하는 등의 조처를 하고 있다. 이러한 정책은 경제 회복에 도움을 주고 있으며, 대공황을 극복하는 데 중요한 역할을 하고 있다.

대공황은 세계 경제에 깊은 상처를 남기고 있으며, 그 여파는 수십 년 동안 계속되고 있다. 이 시기는 경제 정책과 금융 규제의 중요성을 깨닫게 해주는 역사적 사건으로, 오늘날에도 여전히 많은 교훈을 제공하고 있다.

3. 브레튼우즈 체제(1944년)

1944년 7월, 미국 뉴햄프셔주의 브레튼우즈에서 개최된 국제 통화 및 금융 회의에서 체결된 국제 통화 시스템이다. 이 회의에는 44개국의 대표들이 참석했으며, 제2차 세계 대전 이후의 국제 경제 질서 재건을 위해 설계되었다. 브레튼우즈 체제는 1971년까지 약 27년간 유지되었다.

브레튼우즈 체제의 핵심은 고정 환율 제도를 기반으로 한 국제 통화 시스템이다. 이 체제에서 각국의 통화는 미국 달러에 고정되었으며, 미국 달러는 금 1온스당 35달러의 비율로 고정되었다. 이를 통해 미국 달러는 국제 거래의 기준 통화로 자리매김하게 되었다.

국제통화기금IMF과 국제부흥개발은행IBRD이라는 두 주요 국제기구의 창설을 포함하고 있다. IMF는 회원국들이 일시적인 외환위기를 겪을 때 단기 자금을 지원하며, 국제 통화 시스템의 안정성을 유지하기 위해 설립되었다. 세계은행은 전후 재건과 개발도상국의 경제 개발을 지원하기 위해 장기 자금을 제공하는 역할을 맡았다.

전후 세계 경제의 안정과 성장을 촉진하는 데 중요한 역할을 했다. 고정 환율 제도를 통해 환율 변동성을 줄이고 국제 무역과 투자 환경을 안정화했다. 또한, IMF와 세계은행을 통해 국제적인 금융 협력을 강화하고, 경제 개발과 재건을 지원하는 체계를 구축했다.

그러나 1960년대 후반부터 브레튼우즈 체제는 점점 더 많은 도전에 직면하게 되었다. 미국의 무역 적자와 재정 적자가 확대되면서 금 보유량이 감소하고, 달러에 대한 신뢰가 약화하였다. 결국, 1971년 8월 15일, 리처드 닉슨 대통령은 금 태환 정지를 선언하며 브레튼우즈 체제는 사실상 붕괴하였다. 그 이후로 세계는 변동 환율 체제로 전환되었으며, 이는 오늘날까지도 유지되고 있다.

브레튼우즈 체제는 국제 경제 협력의 역사에서 중요한 이정표로 남아 있으며, 현대 국제 금융 시스템의 기초를 형성하는 데 이바지했다. 이 체제는 국제적인 경제 안정과 협력을 위한 노력의 중요성을 상기시키는 중요한 사례로 평가받고 있다.

4. 오일 쇼크 (1973년, 1979년)
1973년과 1979년에 발생한 오일 쇼크는 20세기 후반 전 세계 경제에 극적인 영향을 끼친 두 차례의 중대한 에너지 위기이다. 이 두 사건은 국제 원유 가격의 급격한 상승과 그로 인한 경제적 혼란을 특징으로 하고 있다.

1973년 오일 쇼크는 10월 6일에 시작된 제4차 중동전쟁 중에 발생했다. 이 시기에 아랍 석유 수출국들로 구성된 석유수출국기구OPEC는 이스라엘을 지원하는 국가들에 대한 석유 수출 금지와 원유 생산량을 줄임으로써 석유 가격을 인위적으로 상승시켰다. 이 조치는 특히 이스라엘에 대한 미국과 기타 서방 국가들의 지지에 대한 반응이었다.

이 조치로 인해 국제 원유 가격은 거의 네 배로 상승했고, 이는 전 세계적으로 인플레이션, 경기 침체, 실업률 상승과 같은 경제적 문제를 초래했다. 또한, 이 사건은 선진국들에 에너지 효율성 증대와 대체 에너지 소스 개발의 중요성을 일깨워 주었다.

1979년 오일 쇼크는 이란 혁명의 결과로 발생했다. 이란 혁명은 이란의 석유 생산량 감소와 국제 시장에서의 공급 불안정을 초래했다. 이에 따라 석유 가격이 다시 급등하고, 전 세계적으로 경제적 혼란이 일어났다. 이 두 번째 오일 쇼크 역시 인플레이션과 경기 침체를 촉발했다. 특히, 선진국들은 경제 성장률이 둔화하고 실업률이 상승하는 등 심각한 경제적 어려움을 겪었다. 이 사건은 또한 에너지 절약, 에너지 효율성 증대, 그리고 재생 가능 에너지와 같은 대체 에너지 소스에 대한 투자와 연구를 촉진했다.

1973년과 1979년의 오일 쇼크는 세계 경제에 중대한 영향을 미치며 에너지 정책과 경제 정책, 그리고 국제 관계에 있어 중요한 변화를 불러왔다. 이 두 사건은 에너지 안보의 중요성과 에너지 소비에 대한 의존도를 줄이기 위한 다양한 전략의 필요성을 강조하고 있다.

5. 세계 금융 위기(2007~2008년)

2007년에서 2008년에 걸친 세계 금융 위기는 21세기 초반에 발생한 가장 심각한 경제 위기 중 하나이다. 이 위기는 미국의 부동산 시장 붕괴에서 시작되어 전 세계적인 경제 침체로 확산하였다.

위기의 시작은 2000년대 초반 미국에서 부동산 가격이 급등하면서 시작되었다. 이 시기 동안 많은 금융 기관들이 고위험 모기지 대출, 즉 서브프라임 모기지를 과도하게 발행하였다. 이러한 대출은 신용도가 낮은 차입자들에게도 주택 구매을 가능하게 했고, 결과적으로 주택 수요와 가격이 상승하였다. 그러나 이러한 대출에 대한 채무 불이행률이 상승하기 시작하면서 부동산 가격이 하락하고, 많은 금융 기관들이 큰 손실을 보기 시작했다.

위기가 본격화된 것은 2007년부터이다. 서브프라임 모기지 관련 금융 상품의 가치가 급락하면서, 많은 금융 기관들이 유동성 위기에 직면했다. 이는 금융 시장의 신뢰도 하락으로 이어졌고, 금융 기관 간의 대출이 급격히 줄어들었다. 이러한 상황은 2008년 9월 미국의 대형 투자은행 리먼 브라더스의 파산으로 절정에 달했고, 이는 세계 금융 시스템에 대한 신뢰를 완전히 붕괴시켰다.

전 세계적으로 은행들이 파산하거나 정부로부터 구제금융을 받았고, 많은 국가에서 심각한 경제 불황이 발생했다. 실업률이 급증했고, 국제 무역이 많이 감소했다. 이 위기는 정부와 중앙은행이 대규모 금융 지원과 경기 부양책을 시행하도록 강제했다.

세계 금융 위기는 금융 시스템의 취약성과 세계 경제의 상호 연결성을 드러냈다. 이 위기 이후, 많은 국가에서 금융 규제를 강화하고, 위기 대응 메커니즘을 개선하려는 조치가 이루어졌다.

6. 중국의 경제 개방 (1978년 이후)

1978년 이후 중국의 경제 개방은 세계 경제사에 극적인 변화를 불러온 중요한 사건 중 하나이다. 이는 중국이 계획경제에서 시장경제로의 전환을 추구하며 국제 경제에 통합되기 시작한 시점을 의미한다.

중국의 경제 개방은 덩샤오핑이 이끄는 개혁개방정책Policy of Reform and Opening Up으로부터 시작되었다. 이 정책은 중국 내부의 경제 발전을 촉진하고, 외국의 투자와 기술을 유치하여 국가의 현대화를 가속하는 것을 목표로 했다.

주요 개혁 조치는 다음과 같다.

첫째, 농업 개혁에 있어서 중국은 공동체 기반의 집단농장 제도를 폐지하고, "가족 연대 책임제"를 도입했다. 이 제도 하에서 농민들은 국가로부터 농지를 장기 임대받아 개별적으로 경작할 수 있게 되었다. 이에 따라 농민들은 자신들의 노동에 따른 직접적인 이익을 얻게 되었고, 이는 농업 생산성의 대폭적인 향상과 농민 소득의 증대로 이어졌다.

둘째, 외국 투자 유치를 위해 중국은 특별경제구역SEZs을 설정하여, 외국 기업에 세금 감면, 토지 사용 우대 등의 혜택을 제공했다. 이 구역들은 중국의 개방 정책의 상징이 되었으며, 외국 투자 유치와 기술 이전을 통해 중국의 수출 주도형 경제 성장에 중추적인 역할을 했다.

셋째, 중국은 공업과 기술 분야에서도 중대한 개혁을 단행했다. 국영 기업의 효율성을 개선하고 민간 기업의 발전을 촉진하였으며, 외국 기업과의 기술 협력을 통해 국내 기술 수준을 높이는 데 주력했다. 이러한 노력은 중국의 산업 구조를 현대화하고, 국제 경쟁력을 강화하는 데 이바지했다.

넷째, 시장 개방 측면에서 중국은 점진적으로 국제 시장에 자신을 통합시켰다. 2001년에는 세계무역기구WTO에 정식으로 가입하여, 국제 무역 체계에 더 깊이 참여하게 되었다. 이는 중국의 수출입 확대와 세계 경제에서의 역할 증대에 크게 이바지했다.

이러한 개혁과 개방 정책은 중국 경제에 엄청난 변화를 불러왔다. 경제 성장률이 급격히 상승하며, 중국은 세계에서 두 번째로 큰 경제 체제로 발돋움했다. 수백만의 인구가 빈곤에서 벗어났고, 중국은 글로벌 제조업의 중심지로 자리 잡았다.

하지만, 이러한 급속한 경제 성장은 환경오염, 지역 간 경제 격차, 소득 불평등 등 새로운 도전 과제를 일으켰다. 이에 중국 정부는 지속 가능한 발전과 사회적 불평등 해소를 위해 추가적인 개혁과 정책 조정을 계속해 나가고 있다.

이 외에도 많은 경제적 사건이 역사적으로 중요한 변화를 불러왔다. 이러한 사건들은 경제 체제, 정책, 사회 구조 등에 깊은 영향을 미쳤으며, 현대 경제를 이해하는 데 중요한 배경이 된다.

3

투자의
세계로

주식 시장
ABC

주식

회사의 소유권을 나타내는 증권이다. 사람들이 주식을 사면, 그 회사의 일부 소유자가 된다. 주식의 가치는 회사의 수익성과 성장에 따라 변동된다. 주식 시장은 이러한 주식이 거래되는 장소이며, 투자자들은 회사의 성장 잠재력에 따라 주식을 사고파는 방식으로 수익을 추구한다.

경제적 측면에서 보면, 주식 투자는 개인 투자자뿐만 아니라 회사에도 중요하다. 개인 투자자는 주식을 통해 자산을 증가시킬 기회를 가지며, 회사는 주식 발행을 통해 사업 확장이나 새로운 프로젝트를 시작하기 위한 자본을 조달할 수 있다.

주식 시장

개인과 기업이 자본을 모으고 투자하는 중요한 경제 활동의 장이다. 주식은 기업의 소유권을 나타내는 증권으로, 주식 시장에서는 이러한 주식이 거래된다. 기업은 주식을 발행하여 자금을 조달하고, 투자자들은 주식을 구매하거나 판매함으로써 수익을 추구한다.

이 과정에서 주식 시장은 자본의 효율적인 배분을 가능하게 한다. 즉, 자본이 필요한 곳으로 흘러가도록 하여 경제 성장에 도움이 된다. 투자자들은 기업의 성장 가능성을 분석하여 투자 결정을 내리고, 이러한 투자 활동은 기업에 필요한 자본을 제공한다.

주식 투자전략

주식 투자전략에는 다양한 접근 방식이 있으며, 각 전략은 투자자의 목표, 위험 감수 능력, 투자 기간 등에 따라 달라질 수 있다. 주요 투자전략에 대한 설명은 다음과 같다.

투자자의 목표, 위험 감수 능력, 투자 기간에 따라 달라지는 다양한 접근 방식을 포함한다. 여기서 언급된 세 가지 주요 투자 전략에 대한 설명은 다음과 같다.

1. 장기 투자

장기 투자는 기업의 장기적 성장 가능성에 주목해, 주식을 장기간(보통 몇 년에서 수십 년) 보유하는 전략이다. 이 전략은 시장의 단기적인 변동성에 크게 영향받지 않으며, 기업이 성장함에 따라 주식 가치가 상승할 것이라는 기대에 기반한다.

- **장점** : 시간이 지남에 따라 복리 효과를 누릴 수 있으며, 단기 변동성으로 인한 손실 가능성이 작다는 점이 있다.
- **단점** : 장기간 자본이 묶여 있어 유동성이 떨어질 수 있으며, 예상치 못한 시장 변화로 인한 위험도 고려해야 한다는 점이 있다.
- **적합한 투자자** : 장기적인 목표(예 : 은퇴 자금 마련)를 가진 투자자, 시장의 단기 변동에 신경 쓰고 싶지 않은 투자자에게 적합하다.

2. 단기 투자

단기 투자는 시장의 변동성을 이용해 단기간(보통 며칠에서 몇 개월) 내에 수익을 내려는 전략이다. 이는 주가의 짧은 기간의 움직임을 예측하여 그 변화에서 이익을 얻으려는 방식이다.

- **장점** : 빠른 수익 실현 가능성이 있으며, 시장의 변동성을 이용해 여러 번의 거래로 수익을 극대화할 수 있다는 점이 있다.
- **단점** : 높은 위험과 큰 스트레스 수준을 동반할 수 있으며, 거래 수수료와 세금으로 인해 수익이 감소할 수 있다는 점이 있다.

- **적합한 투자자** : 시장을 주시하며 빠르게 대응할 수 있는 투자자, 높은 위험을 감수할 수 있는 투자자에게 적합하다.

3. 분산 투자

분산 투자는 위험을 분산시키기 위해 다양한 종목이나 산업, 지역에 걸쳐 투자하는 방법이다. 한 종목이나 산업에서 발생할 수 있는 손실을 다른 종목이나 산업의 수익으로 상쇄시키는 전략이다.

- **장점** : 하나의 투자가 부진하더라도 다른 투자로 인한 수익으로 손실을 줄일 수 있으며, 전반적인 포트폴리오의 위험을 낮출 수 있다는 점이 있다.
- **단점** : 분산 투자를 과도하게 하면 관리가 복잡해지고, 모든 투자에서 높은 수익을 기대하기 어려울 수 있다는 점이 있다.
- **적합한 투자자** : 위험을 최소화하고 안정적인 수익을 추구하는 투자자, 다양한 투자 기회를 모색하는 투자자에게 적합하다.

각 투자 전략은 투자자의 개인적인 상황, 목표, 위험 선호도에 따라 결정되어야 하며, 전략을 선택하기 전에 충분한 시장 조사와 분석을 수행하고, 필요한 경우 전문가의 조언을 구하는 것이 중요하다.

주식 투자 시 손절이 중요한 이유

주식 투자 시 손절매는 큰 손실을 방지하고 투자자의 자본을 보호하는 중요한 전략이다. 시장의 예측 불가능성과 변동성에 대응하기 위해, 손절매는 투자자가 미리 정한 손실 가격에 오면 과감하게 주식을 팔아 손실을 제한하게 된다. 이 과정은 감정적 결정을 줄이고, 위험 관리를 강화하는 데 도움을 준다. 또한, 손절매를 사용함으로써 투자자는 단기 시장의 변동에 흔들리지 않고 장기적인 투자 목표를 유지할 수 있다. 손절매 설정은 투자자의 위험 감수 능력과 투자 목표에 따라 개별적으로 결정되어야 한다. 따라서, 장기적인 투자 성공을 위해 손절매 전략을 적절히 활용하는 것이 중요하다.

1. 자본 보호

투자자의 자본을 보호하는 것이 중요한 이유 중 하나이다. 투자자는 손절매를 설정함으로써, 자신의 최대 손실 범위를 미리 정함으로써, 예상치 못한 시장의 하락으로부터 자본을 보호할 수 있다.

2. 감정적 결정 방지

주식 시장의 큰 변동성 때문에 중요하다. 투자자들은 종종 감정에 치우쳐 잘못된 결정을 내리기 쉬운데, 손절매 설정은 투자자들이 감정적

판단이 아닌 미리 계획된 전략에 따라 행동하게 한다.

3. 위험 관리

손절매의 핵심 요소이다. 투자자는 손절매를 설정함으로써, 자신이 감당할 수 있는 손실의 한도를 명확히 하고, 이를 통해 전체 포트폴리오의 위험을 관리할 수 있다.

4. 장기적 관점 유지

손절매를 설정함으로써 투자자는 단기적인 시장의 변동에 휘둘리지 않고 장기적인 투자 목표를 유지할 수 있다. 이는 투자 성공으로 이어지는 중요한 요소가 된다.

5. 자금의 효율적 재배치

손절매를 통해 투자자는 손실을 제한하고 남은 자본을 더 유망한 다른 투자 기회에 재배치할 수 있다. 이는 투자자가 시장의 변동성을 극복하고 장기적으로 수익을 극대화하는 데 도움이 된다.

손절매는 투자자가 시장의 불확실성과 변동성을 극복하고, 자본을 보호하며, 장기적인 투자 목표를 달성하기 위한 필수적인 전략이다. 따라서, 손절매 수준을 신중하게 결정하고 이를 투자 전략에 통합하는 것이 중요하다.

스탑로스 기능을 최대한 활용하자

스탑로스stoploss는 주식이나 다른 금융 상품을 거래할 때 사용되는 위험 관리 전략 중 하나이다. 이 전략의 핵심은 투자자가 미리 정한 가격에 도달하면 자동으로 포지션을 청산하여 손실을 제한하는 것이다. 즉, 투자자는 손실을 미리 정한 수준으로 제한함으로써 더 큰 손실을 방지할 수 있다.

스탑로스의 주요 특징

1. 손실 제한

스탑로스를 설정함으로써 투자자는 손실이 특정 금액을 초과하지 않도록 보호할 수 있다. 이는 시장의 급격한 하락이나 예상치 못한 사건으로부터 투자자의 자본을 보호하는 데 도움이 된다.

2. 감정적 결정 방지

자동으로 설정된 스탑로스는 투자자가 감정적으로 행동하는 것을 방지해 준다. 시장이 급변할 때 감정적인 결정을 내리기 쉽지만, 스탑로스는 미리 계획된 전략에 따라 행동하도록 도와준다.

3. 자동 실행

스탑로스 주문은 일단 설정되면 시장 가격이 스탑로스 가격에 도달했을 때 자동으로 실행된다. 이는 투자자가 시장을 지속해서 감시하지 않아도 됨을 의미한다.

스탑로스 설정 방법

투자자는 구매 가격에서 일정 비율이나 금액만큼 하락했을 때 매도하도록 스탑로스를 설정할 수 있다. 예를 들어, 주식을 주당 10,000원에 구매하고 10%의 손실을 감수할 수 있다면, 스탑로스를 9,000원에 설정할 수 있다.

스탑로스의 한계

스탑로스는 손실을 제한하는 데 유용하지만 몇 가지 한계도 있다. 예를 들어, 시장의 급격한 변동으로 인해 스탑로스 가격에 도달했음에도 불구하고 원하는 가격에 매도되지 않을 수도 있다. 또한, 스탑로스는 단기적인 가격 변동으로 조기 실행될 위험도 있다.

스탑로스는 투자자가 위험을 관리하고 감정적 결정을 방지하는 데 도움을 줄 수 있는 강력한 도구지만 이를 사용할 때는 그 한계와 위험을 잘 이해하고 적절한 전략을 수립하는 것이 중요하다.

부동산 시장이 경제에
미치는 영향

부동산 시장이 활성화되면 경제에 긍정적인 영향을 준다. 주택 매매가 활발해지면 건설업을 비롯한 관련 산업이 성장하게 되고, 이에 따라 일자리가 늘어난다. 더불어 사람들은 가구나 가전제품 같은 내구성 소비재를 더 많이 사게 되며, 이러한 소비 활동은 경제를 더 활성화한다. 반면, 부동산 시장이 침체하면 이러한 긍정적인 효과는 감소하고, 경제에 부정적인 영향을 줄 수 있다. 부동산 시장의 동향을 자세히 감시하는 것이 중요한 이유이다. 부동산 시장의 활성화는 경제 성장에 도움이 된다. 경제를 안정적으로 유지하기 위해 부동산 시장의 변화를 주의 깊게 살펴보는 것이 필요하다.

1. 일자리 창출

부동산 시장이 활성화되면, 건설업뿐만 아니라 여러 관련 산업이 성장하게 된다. 이 성장은 다양한 분야에서 일자리를 창출한다. 사람들이 일자리를 얻으면 소득이 증가하고, 이 소득으로 상품을 구매하거나 서비스를 이용하게 된다. 이러한 활동은 경제를 더 활성화한다. 부동산 시장이 잘 되면 우리 사회에 더 많은 일자리가 생기고 경제가 활성화된다. 그래서 부동산 시장의 움직임을 자세히 관찰하는 것이 중요하다.

2. 소비 촉진

사람들이 집을 살 때, 가구나 가전제품 같은 인테리어 상품을 구매하는 경우가 많다. 이러한 소비는 경제에 긍정적인 영향을 미치며, 내수를 촉진한다. 따라서, 집을 구매하는 것은 단순히 거주 공간을 확보하는 것뿐만 아니라, 경제 활성화에도 도움이 된다. 부동산 시장이 활성화되면, 그것은 사람들이 다른 물건들에 대한 지출도 촉진하며, 경제 성장에 도움이 된다.

3. 투자 수단

많은 사람이 부동산을 안정적인 투자 수단으로 생각한다. 부동산 가격이 오를 것이라 예상되면, 사람들은 부동산에 투자하려 하고, 이는 다시 부동산 시장의 성장을 촉진한다. 따라서, 부동산에 투자하는 것은 단순히 재산을 구매하는 것뿐만 아니라, 시장 전체의 성장에 도움이 된다. 부동산 가격 상승 가능성에 대한 믿음은 더 많은 사람이 투자하도록 유도하며, 이는 부동산 시장의 성장을 돕는다.

4. 세금 수입 증가

부동산 거래가 많아지면, 정부는 더 많은 세금을 받게 된다. 이렇게 모인 세금은 공공서비스의 질을 향상하거나, 새로운 경제 정책을 실행하는 데 쓰일 수 있다. 즉, 부동산 시장의 활성화는 단순히 집을 사고파는 것 이상의 의미가 있다. 그것은 우리 사회의 다양한 서비스와 경제 발전에도 도움이 된다. 부동산 시장이 활발해지면, 그로 인해 정부의 세금 수입이 증가하고, 이는 다시 우리의 삶의 질을 높이는 데 도움이 된다.

그러나 부동산 시장이 과열되어 버블이 생기면, 이는 경제에 위험 신호가 될 수 있다. 부동산 가격이 갑자기 떨어질 경우, 많은 사람이 대출금을 갚지 못하는 위기에 처할 수 있으며, 이는 결국 경제 전반에 부정적인 영향을 미친다.

부동산 버블

부동산 버블은 실제 부동산의 거래 가치가 그 본질적 가치를 초과하여 과도하게 상승하는 경제 현상이라 할 수 있다. 이는 주택뿐만 아니라 상업용 부동산 등 다양한 부동산 자산에 영향을 미치며, 원인은 다양한 경제적 요소에서 비롯되는 복합적인 것이다.

예를 들어, 공급과 수요 간의 불균형, 즉 수요가 공급을 초과하는 경우 부동산 가격은 자연스럽게 상승하게 된다. 또한, 저금리 환경에서는 대출이 쉬워지므로 부동산에 대한 투자가 증가하게 되고, 이는 가격 상승을 더욱 부추기게 된다. 과도한 투자 유입도 가격 상승을 가속하는 중요한 요인이다.

부동산 버블의 성장 과정에서 많은 사람들은 가격이 계속 상승할 것이라는 기대를 바탕으로 투자를 확대한다. 이러한 낙관적 기대는 버블을 더욱 부풀리는 역할을 하지만, 결국 버블이 터지게 되면 즉각적인 가격 하락을 초래하여 투자자들에게 예상치 못한 큰 손실을 입힌다. 부동산 가격의 급격한 하락은 금융 시장에도 심각한 영향을 미쳐, 은행과 금융 기관을 흔들고, 결국 전체 경제에 위기를 초래할 수 있다.

2008년 발생한 세계 금융 위기는 부동산 버블이 어떻게 세계 경제 위기로 이어질 수 있는지를 분명하게 보여주는 사례이다. 당시 미국 부동산 시장은 지속적인 가격 상승과 과도한 투자로 인해 버블이 커졌다.

많은 사람이 부동산 투자를 통해 큰 이익을 얻을 것으로 기대했지만, 가격이 폭락하면서 대출을 상환할 수 없게 되어 결국 엄청난 손실을 보았다. 이로 인한 금융 위기는 미국뿐만 아니라 전 세계 경제에 광범위한 영향을 미쳤다.

단기적으로 부동산 버블은 경제에 활력을 불어넣는 것처럼 보일 수 있지만, 장기적으로는 경제에 심각한 위험을 초래할 수 있는 이중적인 성격을 지니고 있다. 따라서 정부와 투자자들은 부동산 시장 상황을 지속해서 감시하고 적절한 조처를 하여 부동산 시장의 안정적이고 건강한 성장을 촉진하고, 과열을 방지하며, 장기적인 경제 안정을 확보해야 한다.

부동산과 소비자 심리

부동산 시장은 소비자 심리에 크게 의존한다. 이는 소비자들의 기대, 태도 및 심리적 상태가 주택 구매, 임대 또는 투자와 같은 결정에서 중요한 역할을 하기 때문이다. 소비자 심리는 개인이나 가구의 경제적 상황, 시장에 대한 인식, 그리고 미래에 대한 기대감에 기반하여 형성된다. 이러한 심리적 상태는 소비자들이 부동산 시장에 어떻게 반응하는지를 결정짓는 핵심 요소이다. 부동산 시장과 소비자 심리 간의 관계를 이해하기 위해 다음 요소들을 고려해야 한다.

1. 신뢰와 기대

소비자들이 경제나 부동산 시장의 미래에 대해 긍정적으로 전망하고 있다면, 이는 부동산 구매 의지를 증가시킬 수 있다. 이러한 신뢰감은 주택 구매를 촉진하고 가격 상승으로 이어질 수 있다. 반대로, 경제의 불확실성이나 부동산 시장의 불안정성은 소비자들이 구매 결정을 미루게 만들어, 수요 감소로 이어질 수 있다.

2. 접근성과 가격 적정성

이자율이 낮을 때, 대출이 더 접근하기 쉬워져 부동산 구매를 촉진한다. 반대로, 이자율이 상승하면 대출 비용이 증가하여 부동산 시장 접근성이 감소한다. 이러한 경제 상황은 소비자 심리에 직접적인 영향을 미치며 부동산 시장 활동 수준을 결정짓는다.

3. 시장 정보와 투명성

시장 정보에 대한 접근성과 투명성은 소비자들이 정보에 입각한 결정을 내릴 수 있게 하는 데 중요하다. 시장 정보가 더 접근하기 쉽고 투명하면 소비자 심리가 더 긍정적으로 되어 구매 결정이 더 많아지고 부동산 시장 활동이 증가한다.

4. 사회적 및 문화적 요인

특정 지역이나 커뮤니티의 생활 방식, 사회적 가치, 문화적 선호도가 부동산 선택에 영향을 줄 수 있다. 예를 들어, 도시화가 진행 중인 지역에서는 아파트와 같은 고밀도 주택에 대한 수요가 증가할 수 있다. 이러한 사회적 및 문화적 요인은 소비자 심리와 밀접하게 연결되어 있다.

5. 환경적 요인

환경에 관한 관심이 증가함에 따라, 친환경 건물과 지속 가능한 개발에 대한 수요도 증가하고 있다. 이러한 추세는 환경에 대한 인식이 높은 소비자들 사이에서 특히 두드러진다. 이는 친환경적이고 지속 가능한 개발이 부동산 시장에서 중요한 판매 포인트가 될 수 있음을 의미한다.

부동산 시장은 소비자 심리에 크게 의존하며, 이 관계를 이해하는 것은 시장 동향을 예측하고 효과적인 투자 결정을 내리는 데 필수적이다.

다양한 투자 옵션과
그 경제적 효과

투자는 현재 가진 돈을 사용해 미래에 더 많은 돈을 벌려는 방법이다. 이를 위해 다양한 방법을 선택할 수 있다. 주식에 투자하는 것은 그 회사의 일부가 되는 것이고, 부동산에 투자하는 것은 해당 재산에서 이익을 얻게 되는 것이다. 또한, 채권에 투자하는 것은 정부나 회사에 돈을 빌려주고 이자를 받게 되는 것이다. 다양한 투자 옵션이 있으며, 각각은 경제에 다른 방식으로 영향을 미친다.

1. 주식 투자

주식 투자는 투자자가 회사의 주식을 구매함으로써 해당 회사의 일부 소유권을 갖게 되는 과정이다. 이는 투자자가 회사의 성공에 일정 부분 공동의 이익을 가지게 되며, 회사의 성과가 향상되어 회사의 가치가 증가하면, 투자한 주식의 가치도 상승하게 된다. 이러한 주식 가치의 상승은 투자자에게 이익을 가져다줄 수 있다. 반대로, 회사의 성과가 나빠지면 주식 가치는 감소하고, 투자자는 손실을 볼 수 있다.

주식 투자의 경제적 효과는 매우 중요하다. 주식 시장은 종종 경제의 건강 상태를 반영하는 지표로 여겨진다. 예를 들어, 주식 시장이 활발하다면, 이는 회사들이 성장하고 경제가 건강하게 운영되고 있음을 나타내는 신호로 해석될 수 있다. 주식 투자를 통해 회사들은 필요한 자금을 조달할 수 있으며, 이는 연구 개발, 시설 확장, 새로운 고용 창출 등 회사 성장의 직접적인 연결고리가 된다. 이러한 기업의 성장은 결국 경제 성장을 촉진하는 중요한 요소가 된다. 따라서 활발한 주식 투자는 경제 성장에 도움이 되는 중요한 역할을 하며, 이는 투자와 경제 활동을 더욱 촉진하는 선순환을 만들어낸다.

2. 채권 투자

투자자가 정부나 기업에 자금을 제공하는 행위로, 이는 투자자에게 정기적인 이자 수익을 제공하고, 만기가 도래했을 때는 투자한 원금을 반환받게 된다. 이러한 특성 때문에 채권은 비교적 낮은 위험을 수반하면서도 일정한 수익을 기대할 수 있는 투자 수단으로 평가받는다. 특히, 경제가 불안정할 때 투자자들은 더 높은 위험을 지닌 주식 등의 투자 대신 채권 투자를 선호하는 경향이 있다. 이런 방식으로 채권은 투자 포트폴리오의 다변화를 통해 위험을 관리하는 데에도 유용하게 활용될 수 있다.

채권 투자의 경제적 효과는 단순히 투자자에게 안정적인 수익을 제공하는 것을 넘어서, 정부나 기업이 필요한 자금을 효율적으로 조달할 수 있는 경로를 제공한다는 점에서 중요하다. 예를 들어, 정부는 채권을 발행하여 얻은 자금으로 도로, 교량과 같은 기반 시설을 구축하거나, 공공 서비스의 질을 향상하고, 교육 및 보건 프로그램을 강화하는 데 사용할 수 있다. 이는 국민 삶의 질을 개선하고, 장기적인 경제 성장의 기반을 마련하는 데 도움을 준다. 한편, 기업은 채권을 통해 조달한 자금으로 신제품 개발에 나서거나, 생산 시설을 확장하고, 혁신적인 연구 및 개발 활동에 투자함으로써 경쟁력을 강화하고 지속 가능한 성장을 도모할 수 있다.

이와 같이 채권 투자는 투자자에게는 안정적인 수익을, 정부나 기업에는 필요한 자금을 조달하는 수단을 제공함으로써, 경제의 성장과 발전에 중추적인 역할을 한다. 채권 시장의 활성화는 투자와 자금 조달의 원활한 순환을 가능하게 하여, 경제 전반에 걸쳐 긍정적인 영향을 미치는 중요한 과정으로 작용한다.

3. 부동산 투자

부동산 투자는 집이나 땅 같은 실물 부동산 자산을 구매하는 행위이며, 이는 투자자에게 두 가지 주요 이익을 제공한다. 첫째, 부동산을 임대하여 정기적인 수입을 얻는 것이고, 둘째, 부동산 가치의 상승을 통해 장기적인 자본 이득을 달성하는 것이다. 이러한 방식으로 부동산 투자는 개인의 재산을 증가시키고 투자자의 재정 안정성을 강화하는 데 중요한 역할을 한다.

경제적 관점에서 부동산 투자의 중요성은 간과할 수 없다. 부동산 개발은 건설 산업에 직접적인 영향을 미치며, 새로운 주택이나 상업 시설의 건설은 건설 회사와 그 직원들에게 수많은 일자리 기회를 제공한다. 이는 건설 관련 산업의 성장을 촉진하고 국가 경제에 긍정적인 파급 효과를 가져온다. 또한, 새로운 부동산 프로젝트는 주변 지역에 대한 투자를 촉진해 지역 경제를 활성화하고 인근 상업 시설이 더 많은 고객을 유치하도록 돕는다.

부동산 투자는 임대 시장에도 상당한 영향을 미친다. 임대 목적으로 다양한 유형의 부동산을 확보하는 투자자들은 임대를 원하는 사람들에게 더 많은 옵션을 제공함으로써 임대 시장에 다양성과 경쟁을 도입한다. 이는 임대료의 공정한 책정에 이바지할 수 있다. 또한, 임대 수입은 투자자에게 안정적인 수익 흐름을 보장하고, 안정적인 장기 투자 수익을 제공한다. 임대 시장의 활성화는 공급과 수요의 균형을 유지하는 데 중요한 역할을 하며, 적절한 임대료를 유지하는 데 도움이 된다.

부동산 투자는 개인 자산의 성장을 넘어 건설 산업의 발전, 임대 시장의 활성화, 그리고 궁극적으로 경제 전반의 성장과 안정에 이바지하는 중요한 활동으로 간주한다.

4. 금이나 원자재 투자

금이나 원자재 투자는 금, 은, 석유와 같은 원자재에 대한 투자를 의미한다. 이러한 자원의 가격이 상승할 때, 투자자들은 이익을 얻게 된다. 원자재 가격은 경제 상황과 밀접한 관계를 맺고 있으며, 이를 통한 투자는 위험 분산에 도움을 준다.

원자재 투자의 경제적 효과는 매우 크다. 원자재 가격은 세계 경제 상황에 따라 변동이 심하므로, 이 가격의 변동성을 활용한 투자는 투자 포트폴리오의 다양성을 증가시킨다. 이는 특정 자산에 대한 과도한 의존에서 벗어나 위험을 분산시키는 효과가 있다. 예를 들어, 주식 시장이 불안정할 때 금이나 다른 원자재의 가격이 상승할 수 있으며, 이는 투자자들에게 안정적인 수익원이 될 수 있다.

또한, 원자재 투자는 세계 경제의 변화에 대한 투자자들의 대응 방안이 될 수 있다. 경제가 호황일 때는 원자재 수요가 증가하면서 가격이 상승하는 경향이 있으며, 이는 투자자들에게 높은 수익을 안겨줄 수 있다. 반대로 경제가 불황일 때는 원자재 가격이 하락할 수 있지만, 이는 투자자들에게 저렴한 가격에 원자재를 구매할 기회를 제공한다.

이처럼, 금이나 원자재 투자는 경제 상황의 변화에 따라 다양한 수익 기회를 제공한다. 이는 투자자들이 자신의 포트폴리오를 다양화하고, 경제적 불확실성에 대응하는 중요한 수단이 된다.

투자 옵션을 선택할 때는 위험과 수익률을 잘 고려해야 한다. 또한, 경제 상황과 개인의 재정 상태에 맞는 투자를 선택하는 것이 중요하다.

장기 투자 vs 단기 투자

장기 투자는 자산을 몇 년에서 수십 년간 보유하는 전략으로, 단기 시장 변동에 덜 민감하며 시간이 지남에 따라 복리 효과를 통해 자산 가치를 증가시키는 것을 목표로 한다. 이 투자 접근법은 주로 안정적인 수익을 추구하며 장기적인 경제 성장과 기업 발전에 기반을 둔다. 반면, 단기 투자는 자산을 몇 달에서 몇 년간 보유하며, 빠른 시장 변화를 활용해 빠른 이익을 달성하려는 것이다. 이 접근법은 높은 위험과 큰 수익을 가질 수 있으며, 시장 변동성과 정보에 민감해야 한다. 장기와 단기 투자는 각각 장단점을 가지고 있으며, 선택은 개인의 투자 목표와 위험 감수 능력에 따라 달라진다.

장기 투자전략

장기 투자전략은 투자자로 하여금 시장의 단기 변동성에 일희일비하지 않고, 대신 장기적인 관점에서 투자 결정을 내리도록 한다. 장기 투자 전략의 성공을 위한 핵심 요소들을 더욱 상세하게 살펴보면 다음과 같은 방법들이 있다.

1. 목표 설정 및 계획 수립

장기 투자를 시작하기 전에, 자신의 재정 상태를 정밀하게 분석하고, 투자 목표를 명확히 설정해야 한다. 이는 투자 기간, 예상 수익률, 위험 감수 능력 등을 고려하여 이루어져야 한다. 특히, 개인의 장기 목표를 신중하게 고려하며, 이를 바탕으로 합리적인 장기 투자 계획을 수립하는 것이 중요하다. 예를 들어, 은퇴 계획, 자녀 교육 자금 마련, 부동산 구매 등의 큰 목표가 있다면, 이에 맞춰 투자 계획을 세우는 것이 필요하다.

2. 인내심을 가지고 시장의 단기 변동성 견디기

장기 투자의 성공은 시간이 지남에 따라 자산 가치가 증가하는 것과 복리 효과에 크게 의존한다. 따라서, 시장의 단기 변동에 흔들리지 않고, 장기적인 관점을 유지하는 것이 중요하다. 이를 위해, 단기적인 시장의 소음에 휘둘리지 않고, 장기적인 전략에 집중해야 한다. 이는 포트폴리오의 꾸준한 관리를 통해 달성될 수 있다.

3. 분산 투자를 통한 위험 관리

위험을 효과적으로 관리하기 위해서는 다양한 자산 클래스에 걸쳐 투자해야 한다. 이는 주식, 채권, 부동산, 상품 등 다양한 투자 옵션을 포함할 수 있다. 한 분야에 과도하게 집중된 투자는 해당 분야의 부진이 전체 포트폴리오에 큰 영향을 미칠 수 있다. 따라서, 분산 투자를 통해 이러한 위험을 최소화하고, 장기적인 안정성을 확보하는 것이 중요하다.

4. 정기적인 포트폴리오 검토 및 재조정

시장 상황이나 경제적 여건, 개인의 재정 상태가 변화함에 따라, 투자 포트폴리오를 주기적으로 검토하고 필요한 경우 조정해야 한다. 이는 투자 목표에 계속 부합하는지 확인하고, 위험 관리를 최적화하며, 새로운 투자 기회를 포착하는 데 도움이 된다.

5. 지속적인 학습과 시장 이해

경제, 산업, 기업에 대한 지식을 지속적으로 업데이트하는 것은 장기 투자 전략을 세밀하게 조정하는 데 매우 중요하다. 이는 장기적으로 성공적인 투자 결과를 달성하기 위한 필수적인 조건이다. 변화하는 시장 환경 속에서 기회를 포착하고, 위험을 회피하는 데 필요하다.

장기 투자전략은 안정적인 수익 추구, 장기적인 경제 성장과 기업 발전에 기반한 투자, 위험 분산을 통한 포트폴리오 관리, 그리고 거시적 및 미시적 요인에 대한 깊은 이해를 통한 투자 기회 포착이라는 네 가지 핵심 요소에 중점을 둔다. 이러한 전략적 접근 방식은 투자자들이 단기적인 시장 변동성을 넘어서 장기적인 가치 증대와 안정적인 수익 창출을 목표로 할 수 있게 한다.

단기 투자전략

단기 투자전략은 시장의 짧은 기간의 변동성을 활용하여 이익을 추구하는 방법이다. 이러한 전략은 빠른 수익 실현을 목표로 하며, 투자자는 시장의 변화에 민감하게 반응해야 한다. 단기 투자 전략의 성공을 위한 핵심 요소들을 상세히 살펴보면 다음과 같다.

1. 시장 분석 및 조사

단기 투자를 위해서는 시장의 현재 상황과 잠재적인 변화를 정확하게 분석하고 예측하는 것이 필수적이다. 이는 기술적 분석, 기본적 분석, 뉴스, 시장 동향 등 다양한 정보를 바탕으로 이루어져야 한다. 투자자는 이러한 정보를 활용하여 단기적인 가격 변동을 예측하고, 이에 따라 투자 결정을 내려야 한다.

2. 유연성 및 빠른 의사 결정

단기 투자는 시장의 변화에 신속하게 대응하는 것이 중요하다. 이를 위해 투자자는 유연성을 가지고, 필요할 때 빠르게 위치를 변경할 수 있어야 한다. 또한, 시장의 변동성을 이용하기 위해서는 빠른 의사 결정이 필수적이며, 이는 충분한 정보와 분석을 바탕으로 이루어져야 한다.

3. 위험 관리

단기 투자는 높은 수익률을 추구하나, 그만큼의 위험도 크다. 따라서, 손실을 최소화하고 자본을 보호하기 위한 철저한 위험 관리 전략이 필요하다. 이는 손절매 설정, 포트폴리오의 다각화, 적절한 투자 금액 설정 등을 포함할 수 있다. 투자자는 자신의 위험 감수 능력을 정확히 파악하고, 이에 맞는 위험 관리 전략을 수립해야 한다.

단기 투자전략은 빠른 수익 실현을 목표로 하나, 이에 따른 높은 위험을 인지하고 철저한 준비와 분석을 통해 접근해야 한다.

나만의 투자 전략 세우기

개인의 재정 상황, 위험 감수 능력, 투자 목표 등을 고려하여 맞춤형으로 투자 계획을 짜는 과정은 자신만의 투자 규칙을 만들어서 돈을 어떻게, 언제, 어디에 투자할지 결정하는 과정이다. 이 과정에서 중요한 것은 자신이 어떤 투자자인지를 이해하는 것이다. 즉, 단기간에 높은 수익을 원하는지, 아니면 장기간에 걸쳐 안정적인 수익을 추구하는지 등의 성향을 파악하는 것이다.

투자 전략 세우기

1. 목표 설정

투자로 무엇을 이루고 싶은지 명확한 목표를 세우는 것이 중요하다.

예를 들어, 은퇴 자금 마련, 자녀 교육 자금, 주택 구매 자금 등이 될 수
있다.

*** 은퇴 자금 마련 ***

40대 초반 직장인 A 씨는 20년 후 은퇴할 계획이다. 은퇴 후 월 200만
원의 수입이 필요하다고 가정했을 때, A 씨는 이 목표를 달성하기 위해 얼
마나 많은 돈을 투자해야 하며, 어떤 자산에 투자해야 하는지 계산할 수
있다. 장기간에 걸쳐 주식, 채권, 부동산 등 다양한 자산에 분산 투자하는
전략을 세울 수 있다.

*** 자녀 교육 자금 ***

B 씨는 10년 후 대학에 진학할 자녀의 교육 자금을 마련하고자 한다. 이
목표를 달성하기 위해 B 씨는 교육비용의 증가율을 고려하여 필요한 총
액을 추정하고, 이에 따라 적절한 투자 계획을 수립한다. 중기적 목표이므
로, 위험이 다소 있는 주식이나 상호 기금에 일부 투자하되, 전체 포트폴
리오의 안정성을 유지하는 것이 중요하다.

*** 주택 구매 자금 ***

C 씨는 5년 이내에 주택 구매를 목표로 한다. 단기적 목표인 만큼, 주식보
다는 변동성이 낮은 채권이나 예금에 투자하여 자본 손실 위험을 최소화

하는 전략을 세울 수 있다. 또한, 정기적으로 저축 계획을 세우고, 목표 달성을 위해 필요한 금액을 적립하는 것도 좋은 방법이다.

2. 재정 상태 파악

현재 자신의 재정 상태를 파악하는 것이 중요하다. 우선, 가용 자본을 확인하여 투자할 수 있는 금액을 정한다. 그다음, 부채 상황을 살펴보고, 불필요한 부채는 줄이는 것이 좋다. 또한, 매달 들어오고 나가는 돈의 흐름을 이해하기 위해 수입과 지출을 명확히 정리한다. 이 과정을 통해 자신의 재정 상태를 정확히 알게 되면, 얼마나, 어떻게 투자할 수 있는지 결정하는 데 큰 도움이 된다.

3. 위험 감수 능력 평가

투자와 관련된 위험을 이해하고 자신이 어느 정도의 위험을 감수할 수 있는지 평가하는 것은 매우 중요하다. 투자의 기본 원칙 중 하나는 보통 수익률이 높을수록 위험도 크다는 것이다. 따라서, 자신의 위험 감수 능력을 정확히 파악하는 것은 투자 결정 과정에서 필수적이다. 이 과정을 통해, 자신이 안정적인 투자를 선호하는지 아니면 더 높은 수익을 위해 일정 수준의 위험을 감수할 의향이 있는지 명확히 할 수 있다. 예를 들어, 주식은 변동성이 크지만, 장기적으로 높은 수익을 기대할 수 있고, 반면에 채권 같은 안정적인 투자는 낮은 위험을 갖지만, 상대적으로 낮은 수익률을 제공한다. 따라서, 자신의 위험 감수 능력을 평가하여 투자 포트폴리오를 구성하는 것이 중요하다.

4. 자산 배분

투자 위험을 관리하고 잠재적 수익을 극대화하는 핵심 전략이다. 이는 주식, 채권, 부동산 등 다양한 자산 클래스에 투자하여 위험을 분산시키는 과정을 의미한다. 예를 들어, 주식 시장이 하락할 때 부동산이나 채권 시장이 안정적일 수 있어 전체 포트폴리오의 손실을 줄일 수 있다. 따라서, 자신의 위험 감수 능력과 투자 목표에 맞춰 다양한 자산에 분산 투자하는 것이 중요하다. 이렇게 함으로써, 한 분야에서 발생할 수 있는 손실을 다른 자산의 수익으로 상쇄할 수 있으며, 장기적으로 안정적인 수익을 추구할 수 있다. 자산 배분은 투자자의 재정적 목표 달성을 위한 핵심 전략이라 할 수 있다.

5. 투자 기간 결정

투자할 기간을 결정하는 것은 각각의 목표와 위험 수용도에 따라 달라진다. 예를 들어, 단기 투자는 빠른 수익을 목표로 하지만, 리스크가 높을 수 있다. 반면, 장기 투자는 시장의 변동성을 이겨내고, 시간이 지남에 따라 복리의 이점을 누릴 수 있게 해준다. 따라서 자신의 투자 목표, 재정적 상황, 그리고 위험 감수 능력을 고려하여 적절한 투자 기간을 설정하는 것이 중요하다.

6. 정기적인 검토

시장 상황과 개인의 재정 상태는 시간이 지남에 따라 변화된다. 이에 따라, 투자 전략도 주기적으로 검토하고 필요에 따라 조정하는 것이 중요하다. 정기적인 검토를 통해 투자 목표에 맞는 최적의 전략을 유지할 수 있으며, 위험 관리에도 도움이 된다. 이 과정을 통해 투자자는 지속해서 변화하는 시장 환경에 능동적으로 대응할 수 있다.

이러한 과정을 통해 개인 맞춤형 투자 전략을 세우면, 시장의 변동성에 휘둘리지 않고 자신의 재정 목표를 향해 한 걸음씩 나아갈 수 있다. 투자는 결국 자신과의 대화에서 시작되니, 자신의 재정 상태와 목표를 잘 이해하고 이에 맞는 전략을 세우는 것이 중요하다.

개인 맞춤형 투자 전략

개인 맞춤형 투자 전략을 이해하기 위해 몇 가지 핵심 개념과 원리를 적용할 수 있다. 이러한 개념들은 투자자가 자신에게 맞는 투자 계획을 세우고 실행하는 데 도움을 준다.

1. 기대 효용 최대화

경제학에서 개인이 선택할 때 기대 효용(기대되는 만족도)을 최대화하려고 한다고 가정한다. 투자에서도 이 원리가 적용되어, 각 개인은 주어진 위험 수준에서 최대의 기대 이익을 얻으려고 한다. 이는 투자자가 자신의 위험 감수 능력과 기대 수익을 바탕으로 투자 결정을 내리는 것을 의미한다.

2. 포트폴리오 이론

해리 마코위츠에 의해 제시되었으며, 다양한 자산에 분산 투자함으로써 투자 위험을 줄이고 수익을 극대화할 수 있다고 설명한다. 개인 맞춤형 투자 전략에서는 자신의 위험 감수 능력에 맞추어 다양한 자산 클래스(예 : 주식, 채권, 부동산)에 투자하여 위험을 분산시키는 것이 중요하다.

3. 효율적 시장 가설

효율적 시장 가설에 따르면, 모든 공개 정보가 이미 자산 가격에 반영되어 있다고 가정한다. 이에 따라 시장을 지속해서 이기는 것은 어렵다고 본다. 이는 개인 투자자들이 시장 타이밍이나 개별 주식 선택을 통해 일관되게 초과 이익을 얻기 어렵다는 것을 의미한다. 따라서 장기적인 관점에서 다각화된 포트폴리오와 정기적인 재조정 전략을 선호한다.

4. 경기 순환과 자산 배분

경제학에서 경기 순환의 존재를 인정하며, 이는 투자 전략에서도 중요한 고려 사항이다. 경기 확장기에는 주식 같은 위험 자산이 선호되지만, 경기 침체기에는 채권 같은 안전 자산이 선호되는 경향이 있다. 개인 맞춤형 투자 전략에서는 이러한 경기 순환을 고려하여 자산 배분을 조정할 수 있다.

5. 행동 재무학

행동 재무학은 경제학의 한 분야로, 사람들이 심리적 요인으로 인해 비합리적인 재무 결정을 내릴 수 있음을 연구하는 경제학의 한 분야다. 개인 맞춤형 투자 전략을 세울 때는 투자자의 행동 경향성을 이해하고, 감정적인 결정으로 인한 잘못된 투자를 방지려는 방법을 고려해야 한다.

이러한 경제학적 원리들을 이해하고 적용함으로써, 개인은 자신의 재정적 목표와 상황에 맞는 효과적인 맞춤형 투자 전략을 개발할 수 있다.

투자와
세금

투자를 할 때는 단순히 수익만 생각하는 것이 아니라, 그로 인해 발생하는 세금도 꼭 고려해야 한다. 투자로 인한 수익은 대부분 세금의 대상이 되기 때문이다. 여기서 중요한 것은 투자 종류에 따라 부과되는 세금이 다르다는 점이다.

1. 주식 투자와 세금

증권거래세는 주식을 매매할 때 발생하는 거래에 대해 부과되는 세금이다. 주식에서 발생하는 배당금에는 배당소득세가 적용된다. 또한, 주식을 매도하여 얻은 차익에 대해서는 양도소득세가 부과될 수 있다. 다만, 특정 조건에서는 세금이 면제되거나 감면될 수 있다.

2. 부동산 투자와 세금

부동산 투자로 발생한 임대 수익에 대해서는 소득세가 부과된다. 부동산을 팔아서 이익이 생겼다면, 그 이익에 대해서도 양도소득세를 내야 한다. 부동산을 얼마나 오래 보유했느냐, 무슨 종류의 부동산을 투자했느냐에 따라 세금이 달라질 수 있다. 즉, 부동산 투자로 얻는 수익에는 여러 종류의 세금이 붙는데, 이는 투자의 성격과 조건에 따라 변화된다. 그러므로 부동산 투자를 할 때는 세금에 대한 이해도가 중요하다.

3. 채권 투자와 세금

채권에 투자하여 이자 이익을 얻게 되면, 이 이자 수익에는 이자소득세가 부과된다. 또한, 채권을 매도하여 차익을 얻었을 경우, 이 차익에 대해서는 양도소득세가 적용될 수 있다. 즉, 채권 투자로 인한 수익에는 두 종류의 세금이 적용될 수 있다는 것이다. 이자 수익이든 매도 차익이든, 투자로 인한 수익에 대해 세금을 내야 한다는 점을 인지해야 한다.

4. 펀드 투자와 세금

펀드 투자로 발생하는 수익에는 세금이 부과된다. 이때, 펀드의 종류와 수익 구조에 따라 세금이 달라진다. 예를 들어, 주식형 펀드와 채권형 펀드에서 발생하는 수익에 적용되는 세금은 서로 다르다. 이는 펀드가 투자하는 자산의 종류에 따라 세금이 변화하기 때문이다. 따라서, 투자 전에 펀드의 종류와 수익 구조를 이해하고 예상되는 세금 부담을 고려하는 것이 중요하다. 이렇게 세금을 사전에 파악하고 준비하는 것은 투자 수익률을 최적화하는 데 도움이 된다.

투자할 때 발생할 수 있는 세금을 미리 파악하고 계획하는 것이 중요하다. 세금은 투자 수익에 큰 영향을 줄 수 있으므로, 투자 전략을 세울 때 반드시 고려되어야 한다. 각 투자 방법에 따른 세금 부과 기준을 이해하고, 자신의 투자 계획에 맞게 준비하는 것이 현명한 투자의 첫걸음이다.

복리의
마법

복리는 투자한 돈이 시간이 지남에 따라 점점 더 많은 돈을 벌어들이는 원리이다. 이는 단순히 원금에서 발생하는 이자뿐만 아니라, 이미 발생한 이자 위에 다시 이자가 붙는 것을 포함한다.

복리는 장기간에 걸쳐 특히 그 효과가 크게 나타나는 중요한 투자 개념이다. 이를 이해하기 위해 몇 가지 핵심을 자세히 설명하겠다.

1. 초기 증가의 미미함

복리의 효과는 초기에는 그리 크게 느껴지지 않을 수 있다.

예를 들어, 1,000만 원을 연이율 5%로 투자하면 첫해에는 50만 원의 이자를 얻는다. 이 50만 원은 전체 금액에 비해 상대적으로 적게 느껴질 수 있다.

2. 시간이 지남에 따른 이자 증가

하지만, 시간이 지남에 따라 이자는 눈에 띄게 증가한다. 복리의 핵심은 이자가 원금에 더해지고, 그다음 해에는 이 원금과 이자에 대해 다시 이자가 계산된다는 점이다. 즉, 첫해에 얻은 이자 50만 원도 다음 해에는 5%의 이자를 얻게 된다. 이렇게 해마다 이자가 더해지면서 이자 자체도 이자를 벌게 된다.

3. 투자 수익의 대폭 증가

장기적으로 볼 때, 이 복리 효과는 투자 수익을 대폭 증가시킬 수 있다. 위의 예시에서 10년 후에는 원금 1,000만 원이 약 1,628만 원으로 증가한다. 이는 단순히 매년 50만 원씩 더하는 단리와는 큰 차이를 보인다. 단리로 계산할 경우, 10년 후의 금액은 1,500만 원에 불과하지만, 복리로 계산할 때 그 차이는 128만 원이나 된다.

4. 장기적인 투자에서의 중요성

이러한 복리의 효과 때문에 장기적인 투자에서 복리는 매우 중요한 개념이 된다. 단기적으로는 큰 차이를 못 느낄 수 있지만, 장기적으로는 그 차이가 극명하게 드러난다. 이는 투자자들이 자산을 늘리기 위해 복리를 이해하고 활용해야 하는 이유 중 하나이다.

5. 복리의 마법을 최대한 활용하는 방법

복리의 이점을 최대한 활용하기 위해서는 다음과 같은 전략이 필요하다.

- **일찍 투자 시작하기** : 시간이 지남에 따라 복리의 효과가 커지므로, 가능한 한 빨리 투자를 시작하는 것이 중요하다.
- **꾸준히 투자하기** : 정기적으로 투자금을 추가하면 복리의 효과를 더욱 극대화할 수 있다.
- **오랫동안 투자 유지하기** : 투자를 오래 유지할수록 복리의 효과가 크게 나타난다. 중간에 투자를 중단하거나 해지하지 않는 것이 중요하다.

복리는 투자자들이 장기적인 자산 증식을 위해 꼭 이해하고 활용해야 할 강력한 도구이다. 초기의 작은 이자라도 시간이 지남에 따라 큰 수익으로 이어질 수 있다는 점을 기억하고, 장기적인 관점에서 꾸준히 투자하는 것이 중요하다.

〈 연이율 5%로 1,000만원을 복리로 투자했을 때(10년) 〉

(단위 : 원)

기간	원금	연 이자	누적 금액
1년	10,000,000	500,000	10,500,000
2년	10,500,000	525,000	11,025,000
3년	11,025,000	551,250	11,576,250
4년	11,576,250	578,813	12,155,063
5년	12,155,063	607,753	12,762,816
6년	12,762,816	638,141	13,400,956
7년	13,400,956	670,048	14,071,004
8년	14,071,004	703,550	14,774,554
9년	14,774,554	738,728	15,513,282
10년	15,513,282	775,664	16,288,946

4

경제 뉴스의 이해와 활용

경제 뉴스 정확히
해석하기

경제 뉴스를 읽을 때, 전문 용어나 복잡한 개념에 주먹구구식으로 접근하는 대신, 그 뉴스가 우리 일상생활이나 경제 활동에 어떤 영향을 미칠 수 있는지를 중심으로 이해하는 방식이 중요하다.

1. 경제 용어의 기본 이해

먼저, 경제 뉴스에서 자주 등장하는 기본적인 용어들(예 : 금리, 인플레이션, GDP 등)의 의미를 알게 된다면, 뉴스의 전체적인 맥락을 파악하는 것이 수월해진다. 예를 들어, '금리'는 돈을 빌릴 때 지급해야 하는 비용을 의미한다.

2. 뉴스의 영향 분석

경제 뉴스가 발표된 후, 그것이 개인의 생활비, 소비, 저축, 투자 등 일상 경제 활동에 어떤 영향을 미칠 수 있는지를 고려해 보아야 한다. 예를 들면, 금리가 상승하면 대출 이자가 증가한다는 의미가 되며, 이는 대출을 통한 주택 구매나 기타 큰 지출에 대한 부담을 커지게 한다.

3. 뉴스의 배경 이해

경제 뉴스의 배경을 이해하는 것은 중요하다. 이는 특정 경제 지표가 왜 변화했는지, 그리고 그 변화가 경제 전반에 어떤 의미를 가지는지를 파악하는 데 도움을 준다. 예를 들어, 인플레이션이 증가하는 이유나 중앙은행이 금리를 조정하는 이유를 이해하면, 뉴스의 중요성을 더 잘 파악할 수 있다.

4. 실생활과의 연결고리 찾기

경제 뉴스를 읽을 때, 그 내용이 당신의 개인적인 재정이나 경제적 결정에 어떤 영향을 미칠 수 있는지를 고민해 보라. 예를 들어, 금리 상승이 당신의 주택담보대출 이자에 어떤 영향을 미칠지, 또는 인플레이션이 당신의 생활비나 소비 습관에 어떤 변화를 불러올지를 생각해 보는 것이다.

5. 비판적 사고

제시된 정보를 비판적으로 분석하는 태도를 가지는 것이 필수적이다. 모든 경제 뉴스가 모든 사람에게 동일한 영향을 미치는 것은 아니며, 때로는 뉴스가 특정 상황이나 시장에 더 큰 영향을 미칠 수 있다.

이러한 접근 방식을 통해 경제 뉴스를 읽는 것은 단순히 정보를 수집하는 것을 넘어서, 우리가 살고 있는 경제적 여건을 더 잘 이해하고, 보다 현명한 경제적 결정을 내리는 데 도움을 줄 수 있다.

경제 뉴스를 읽을 때 경제 용어가 중요한 이유

경제 뉴스를 읽을 때 경제 용어를 이해하는 것은 매우 중요하다. 이는 여러 가지 이유로 인해 필수적인데, 그 주된 이유를 아래와 같이 설명할 수 있다.

1. 정확한 해석

경제 용어는 경제 상황이나 시장의 변화를 설명하는 데 사용되는 특정한 언어이다. 이 용어들을 이해하지 못하면 뉴스의 내용을 정확하게 해석하는 데 어려움을 겪을 수 있다. 예를 들어, '인플레이션', 'GDP', '금리' 등의 용어는 경제 상황을 설명할 때 필수적인데, 이러한 용어의 의미를 모르면 경제 뉴스의 중요한 부분을 놓칠 수 있다.

2. 경제 상황의 이해

경제 용어는 경제의 현재 상태와 그 추이를 이해하는 데 도움을 준다. 예를 들어, '경기 확장'이나 '경기 침체'와 같은 용어는 경제의 상황을 나타내는데, 이를 알면 현재 경제가 어떤 단계에 있는지 이해할 수 있다.

3. 의사 결정에의 영향

개인적인 재정 관리나 투자 결정을 내릴 때 경제 뉴스를 통해 얻은 정보는 중요한 역할을 한다. 경제 용어를 이해함으로써 경제 상황의 변화가 개인의 재정이나 투자에 어떤 영향을 미칠지 더 잘 판단할 수 있다.

4. 비판적 사고

경제 용어에 익숙해지면, 제시된 정보를 더 비판적으로 분석할 수 있다. 예를 들어, 특정 경제 정책이나 시장의 변화가 어떤 결과를 초래할지 예측하고, 이에 대한 자신만의 견해를 형성하는 데 도움이 된다.

경제 뉴스를 읽을 때 경제 용어를 이해하는 것은 뉴스의 내용을 정확하게 파악하고, 경제 상황을 더 잘 이해하며, 보다 현명한 의사 결정을 내리는 데 필수적이다. 따라서 경제 뉴스를 자주 접하면서 경제 용어에 익숙해지는 것이 중요하다.

경제 예측을 위한
개인 재정 계획

경제 예측을 위한 개인 재정 계획이란 개념은 처음 듣는 사람들에게 복잡하고 어렵게 느껴질 수 있다. 하지만 간단히 설명하자면, 이는 미래의 경제 상황을 예상하고 그에 맞춰 자기 돈을 어떻게 관리할지 계획을 세우는 것이다. 경제 예측이 완벽하게 정확하지는 않지만, 가능한 한 최선의 추정을 바탕으로 준비하는 것이 중요하다. 이제 이 과정을 조금 더 쉽게 이해하기 위해 단계별로 설명하겠다.

1. 경제 상황을 이해하기

경제 상황을 알아보는 것은 마치 날씨를 확인하는 것과 비슷하다. 우리는 뉴스나 전문가의 분석을 통해 경제가 어떤 상태인지 알 수 있다. 이것은 마치 오늘 비가 올지 맑을지 알아보는 것처럼, 경제가 성장하고 있는지 아니면 침체하고 있는지를 파악하는 것이다. 이 정보는 우리가 미래를 예측하는 데 큰 도움이 된다. 경제 상황을 이해하는 것은 미래를 준비하는 첫걸음이 된다. 이렇게 현재의 경제 상태를 알아보는 것은 미래를 예측하는 데 중요한 기반이 된다.

2. 미래 경제 변화 예측하기

미래 경제를 예측하는 건 날씨 예보를 보는 것과 비슷하다. 예를 들어, 이자율이 오를 것 같으면, 대출할 때 더 많은 돈을 내야 한다는 뜻이다. 이런 예측은 우리가 돈을 어떻게 관리할지 결정하는 데 큰 영향을 준다. 그래서 미래에 경제가 어떻게 변할지 생각해 보는 것은, 우리의 재정 계획을 세우는 데 매우 중요하다. 이렇게 미래 경제 변화를 예측하려면, 현재 상황을 잘 이해하고 그에 따른 변화를 예상해야 한다. 이 과정을 통해 우리는 더 나은 재정적 결정을 내릴 수 있다.

3. 개인 재정 상태 점검하기

자신의 재정 상태를 점검하는 것은 돈의 건강검진을 받는 것과 같다. 수입, 지출, 저축, 투자 등을 모두 확인하는 것이다. 중요한 것은 내가 지금 얼마나 벌고, 얼마나 쓰고 있는지 정확히 아는 것이다. 이렇게 하면 내 재정 상태를 정확히 파악할 수 있다. 이렇게 점검하는 과정은 우리가 더 좋은 재정 계획을 세우는 데 도움을 준다.

4. 목표 설정하기

목표를 설정하는 것은 여행 계획을 세우는 것과 비슷하다. 장기 목표를 세우면, 예를 들어 은퇴 자금을 마련하거나 집을 사는 것처럼 큰 꿈을 이룰 수 있다. 이러한 목표는 우리의 재정 계획과 깊게 연결되어 있다. 목표를 명확히 하면, 어떤 경제 상황에서도 우리의 방향을 잃지 않게 도와준다. 따라서, 자신의 장기 목표를 세우고 그에 맞춰 계획을 세우는 것이 매우 중요하다. 이 과정을 통해 더 나은 재정적 미래를 준비할 수 있다.

5. 계획 수립하기

계획을 세우는 것은 마치 여행 가방을 꾸리는 것과 같다. 미래의 경제 상태와 개인의 재정 상태, 그리고 목표를 모두 고려해야 한다. 이 계획은 저축, 투자, 그리고 지출을 어떻게 조절할지를 포함한다. 미래는 언제나 변할 수 있으므로, 계획도 유연하게 조정될 수 있어야 한다. 이렇게 체계적으로 재정 계획을 세우면, 불확실한 미래에도 잘 대비할 수 있다. 따라서, 잘 준비된 계획은 우리의 재정적 미래를 밝게 한다.

6. 계획 실행 및 점검하기

계획을 실행하는 것은 배를 띄우는 것과 같다. 실행한 후에는 정기적으로 점검하고, 경제 상황, 개인의 재정 상태 또는 목표에 변화가 있을 때마다 계획을 업데이트해야 한다. 이 과정은 배가 올바른 방향으로 가고 있는지 확인하는 것과 같다. 변화에 유연하게 대응하고 계획을 업데이트함으로써 미래를 준비할 수 있다. 따라서 계획을 세우고 실행한 후에는 이를 지속해서 감시하고 필요한 조정을 해야 한다. 이렇게 함으로써 우리는 목표를 향해 계속 나아갈 수 있다.

경제 예측을 위한 개인 재정 계획은 단순히 돈을 어떻게 쓸지 결정하는 것 이상의 의미가 있다. 이는 미래의 불확실성에 대비해 안정적인 재정 상태를 유지하고, 장기적인 목표를 달성하기 위한 전략적 접근법이다. 따라서, 이 과정은 개인이 더 현명하게 재정적 결정을 내리는 데 도움을 준다.

세계 경제 동향과 개인에 미치는 영향

세계 경제 동향은 마치 날씨와 같다. 우리가 매일 아침 날씨를 확인하는 것처럼, 세계 경제의 흐름도 우리의 일상과 밀접한 관련이 있다. 예를 들어, 다른 나라에서 경제가 성장하면 그 나라의 제품을 더 많이 구매할 수 있게 되고, 이는 우리나라의 수출 기업에도 긍정적인 영향을 준다. 반대로, 어떤 나라의 경제가 위기를 맞게 되면 그 파장은 전 세계로 퍼져나가 우리나라 경제에도 영향을 미칠 수 있다.

세계 경제의 동향은 우리 개인의 삶에도 직접적인 영향을 준다는 사실을 쉽게 알 수 있다. 이는 세계 경제가 긍정적인 방향으로 움직일 때뿐만 아니라 부정적인 방향으로 움직일 때도 명확하다.

먼저, 전 세계 경제가 호황을 맞이하여 경제 성장률이 높고 소비 및 투자가 활발하다고 가정해 보자. 이러한 긍정적인 경제 활동은 다른 국가들과의 무역에도 긍정적인 영향을 준다. 우리나라 제품과 서비스에 대한 수요가 증가함에 따라, 자연스럽게 우리나라의 수출이 증가한다. 수출이 증가하면 국내 기업들의 매출과 이익도 증가한다. 기업의 성장은 추가적인 일자리 창출을 가져오며, 이는 더 많은 일자리와 높은 임금을 의미한다. 따라서, 세계 경제가 좋을 때는 우리나라의 경제 상황도 좋아지며, 국민의 생활 수준이 향상된다.

반면, 세계 경제가 침체기에 있으며 경제 성장률이 감소하고 소비 및 투자가 줄어들 때는, 우리나라 제품과 서비스에 대한 전 세계적 수요가 감소한다. 수출이 감소함에 따라, 국내 기업들의 매출과 이익도 감소한다. 이는 고용 감소나 임금 삭감으로 이어질 수 있다. 결국, 세계 경제의 부진은 우리나라 경제에 부정적인 영향을 미치며, 이는 개인의 일자리와 소득에 직접적인 영향을 준다.

따라서, 세계 경제 동향을 이해하는 것은 우리의 재정 계획과 미래 계획을 세울 때 매우 중요하다. 세계 경제가 어떻게 움직일지 예측하려면 여러 경제 지표와 뉴스를 주의 깊게 관찰해야 한다. 이를 통해, 우리는 미래의 불확실성에 대비하고, 더 나은 재정적 결정을 내릴 수 있다.

경제 지표
읽기

경제 지표는 우리나라의 경제 상태를 알려주는 중요한 신호이다. 정부나 민간 기관에서 발표하는 통계 자료들이 바로 그것이다. 이러한 지표들을 통해 경제의 건강 여부를 확인할 수 있다. 경제가 어느 방향으로 흘러가고 있는지, 어떤 부분에 집중해야 하는지를 알려준다. 따라서, 이 지표들을 이해하는 것은 미래 경제 상황을 예측하는 데 매우 중요하다. 우리는 이를 통해 경제의 움직임을 파악하고 적절히 대응할 수 있다.

1. GDP(국내총생산)

GDP란 한 나라에서 일정 기간 생산된 모든 재화와 서비스의 총가치이다. 이는 경제의 크기와 성장률을 나타내는 가장 기본적인 지표가 된다. 만약 GDP가 증가한다면, 이는 경제가 성장하고 있음을 의미한다.

따라서 경제 전문가들은 GDP를 매우 중요하게 여기며, 경제의 건강 상태를 점검하는 데 이를 활용한다. GDP를 이해하는 것은 경제의 전반적인 모습을 파악하는 데 도움이 된다.

2. 실업률

실업률은 노동력 대비 실업자의 비율이다. 이 비율이 높다는 것은 많은 사람들이 일자리를 찾지 못하고 있다는 의미이다. 경제 상태가 좋지 않거나 경기가 침체할 때 실업률은 상승한다. 반대로, 경제가 성장하면 실업률은 하락한다. 따라서 실업률은 경제의 건강 상태를 점검하는 중요한 지표가 된다. 이를 통해 우리는 경제 상황을 이해할 수 있다.

3. 소비자물가지수CPI

CPI는 가정에서 주로 소비하는 재화와 서비스의 가격 변동을 측정하는 지수이다. 이는 물가 상승률을 나타내며, 인플레이션을 점검하는 데 사용된다. CPI가 상승하면, 같은 양의 재화나 서비스를 사기 위해 더 많은 돈을 지급해야 한다는 것을 의미한다. 따라서 CPI는 우리 생활과 밀접하게 연관된 중요한 경제 지표라고 할 수 있다. 이를 통해 경제 상황을 이해하고 물가 상승에 대비할 수 있다.

4. 기준금리

중앙은행이 정하는 기준금리는 경제에 큰 영향을 준다. 기준금리가 낮으면 돈을 빌리기가 쉬워져 사람들과 기업들이 더 많이 소비하고 투자한다. 이는 경제 활동을 활발하게 만들고 경제 성장을 촉진한다. 반대로 기준금리가 높으면 돈을 빌리기 어려워져 소비와 투자가 줄어들며, 이는 경제 활동을 위축시킬 수 있다. 따라서 기준금리는 우리의 경제생활에 직접적인 영향을 주는 중요한 지표이다. 이를 통해 우리는 경제 상황을 이해하고 대비할 수 있다.

5. 경상수지

한 나라가 얼마나 잘 물건이나 서비스를 사고팔고 있는지를 보여주는 지표이다. 우리나라에서 외국으로 물건이나 서비스를 팔 때 이를 수출이라 하고, 외국에서 물건이나 서비스를 사 올 때 이를 수입이라 한다. 경상수지가 흑자라는 것은 우리나라가 다른 나라들로부터 더 많은 것을 팔아서 이익을 보고 있다는 의미이다. 이는 경제가 건강하고 다른 나라들과의 거래에서 이득을 보고 있음을 나타낼 수 있다. 반대로 적자는 더 많이 사고 덜 팔았다는 것을 의미하며, 이는 경제에 부정적인 영향을 줄 수 있다. 따라서 경상수지는 한 나라의 경제 상태를 이해하는 데 중요한 지표가 된다.

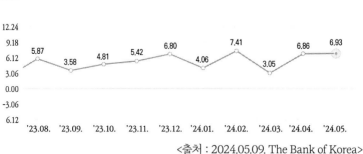

<출처 : 2024.05.09. The Bank of Korea>

이러한 경제 지표들은 개인의 재정 계획, 투자 결정, 그리고 일상생활에도 영향을 줄 수 있다. 따라서, 이러한 지표들을 정기적으로 확인하고 이해하는 것은 경제적인 결정을 내리는 데 있어 큰 도움이 된다. 이 지표들은 우리가 재정적으로 어떤 위치에 있는지, 어떤 기회가 있을지, 그리고 어떤 위험이 도사리고 있는지를 알려준다. 이를 통해 더 현명한 재정적 결정을 내릴 수 있으며, 경제 상황의 변화에 더 잘 대응할 수 있다.

이자율과 환율,
쉽게 이해하기

이자율과 환율은 서로 밀접한 연관성을 가지고 있다. 예를 들어, 어떤 나라의 이자율이 상승하면, 그 나라의 화폐에 대한 수요가 증가하여 환율이 하락할 수 있다. 반대로 이자율이 하락하면 그 나라의 화폐에 대한 수요가 감소하여 환율이 상승할 수 있다. 이자율이 높아지면 외국인 투자자들은 더 높은 수익을 기대하고 해당 국가에 투자하는 경향이 있으므로, 해당 국가의 화폐 가치는 상승하고 환율은 하락하게 된다.

이자율이란?

이자율은 돈을 빌릴 때 또는 돈을 빌려줄 때 지급하거나 받는 비용의 비율을 말한다. 기본적으로, 이자율은 대출자가 채권자에게 제공하는 금융 서비스의 가격을 나타낸다. 이자율이 높으면 돈을 빌리는 비용이 커져 경제 활동이 둔화할 수 있고, 반대로 이자율이 낮으면 돈을 빌리는 비용이 적어져 경제 활동이 촉진될 수 있다. 중앙은행은 이자율을 조정함으로써 경제를 안정시키고 성장을 도모하는 역할을 한다.

이자율은 실생활에서 매우 중요한 역할을 한다. 이자율이 우리의 일상생활에 어떻게 영향을 미치는지 알아보자.

1. 주택담보대출

많은 사람이 주택을 살 때 이용된다. 이자율이 3%인 경우와 5%인 경우를 비교해 보면, 이자율이 높아질수록 매달 내야 하는 대출금이 증가한다. 예를 들어, 3억 원을 30년 동안 대출받는 상황을 가정했을 때, 이자율이 3%인 경우와 5%인 경우의 월 납부금은 수십만 원 이상 차이가 날 수 있다. 따라서 이자율은 주택 구매 비용에 큰 영향을 미치며, 이자율이 낮은 때 주택 구매를 고려하는 것이 유리하다.

2. 저축과 투자

저축과 투자에도 이자율은 큰 영향을 준다. 은행에 돈을 저축할 때 받는 이자는 이자율에 따라 달라진다. 이자율이 높을 경우, 돈을 저축하거나 특정 금융 상품에 투자할 때 더 많은 이익을 얻을 수 있다. 반대로, 이자율이 낮을 때 동일한 금액을 저축하거나 투자해도 예상 수익이 줄어든다. 따라서 투자 결정을 내릴 때 현재의 이자율을 고려하는 것이 중요하다.

3. 신용카드와 대출

신용카드와 대출의 이자율도 우리의 재정 상태에 큰 영향을 준다. 이자율이 높을 경우, 빚을 갚는 데 더 큰 비용이 든다. 예를 들어, 높은 이자율로 인해 신용카드 빚이나 대출의 월 납부금이 증가하면 개인의 실소득이 감소하게 되고, 이는 일상생활의 재정적 압박으로 이어질 수 있다.

이처럼 이자율은 대출, 저축, 투자, 그리고 신용카드 사용과 같은 다양한 재정 활동에 직접적인 영향을 준다. 이자율 변동은 개인의 재정 상태와 생활 방식에 큰 영향을 줄 수 있으므로, 이자율의 변화를 주시하고 이에 따른 재정 계획을 세우는 것이 중요하다.

환율이란?

환율은 한 나라의 통화를 다른 나라의 통화로 교환할 수 있는 비율이다. 예를 들어, 한국 원화와 미국 달러 사이의 환율은 1달러를 얼마의 원으로 교환할 수 있는지를 나타낸다. 환율은 국제 무역, 해외 투자,

여행 등 다양한 경제 활동에 영향을 준다. 환율이 변동되면 수출입 가격, 해외에서의 구매력, 그리고 해외 투자의 가치 등이 영향을 받는다. 따라서 환율은 국제 경제에서 중요한 역할을 하며, 각국의 경제 정책과 세계 경제 상황에 따라 변동된다.

환율은 우리 일상생활에서 다양한 방식으로 영향을 미친다. 환율이 우리의 일상생활에 어떻게 영향을 미치는지 알아보자.

1. 해외여행
해외여행은 환율에 의해 비용이 크게 영향을 받는다. 예를 들어, 원화 대비 미국 달러의 환율이 낮아질 때 미국 여행을 가게 되면 같은 금액으로 더 많은 것을 살 수 있다. 반대로 환율이 상승하면 같은 금액으로 구매할 수 있는 물건이나 서비스의 양이 줄어든다. 따라서 환율이 낮은 시기에 해외여행을 계획하는 것이 여행비용을 절약하는 방법이 된다.

2. 해외 직구
해외 직구는 환율이 낮을 때 이용하면 동일한 상품을 국내에서 구매하는 것보다 저렴한 가격으로 살 수 있다. 이는 많은 사람들이 해외에서 직접 물건을 구매하는 '해외 직구'를 선호하는 이유 중 하나이다. 반면, 환율이 오르면 상품 가격뿐만 아니라 배송비용도 상대적으로 증가하여, 구매 비용이 증가하게 된다.

3. 수입 상품의 가격

우리가 일상에서 사용하는 많은 제품은 해외에서 수입되어 온다. 환율이 상승하면 수입 상품의 원가도 상승하게 되며, 이는 결국 소비자 가격의 상승으로 이어진다. 예를 들어, 환율이 상승할 때 외국산 과일이나 자동차와 같은 수입 제품의 가격이 상승할 수 있다. 이는 직접적으로 가계 지출에 영향을 준다.

4. 해외 주식 투자

최근 많은 사람이 해외 주식에 투자하고 있다. 환율 변동은 해외 주식 투자의 수익률에도 큰 영향을 준다. 예를 들어, 투자한 해외 주식의 가치가 변하지 않았더라도 환율이 변동되면 환전할 때의 수익률이 달라진다. 특히, 원화 대비 투자한 나라의 화폐 가치가 상승하면 환전 시 더 많은 원화를 받게 되어 수익률이 증가한다.

이렇게 환율은 해외여행, 해외 직구, 수입 상품의 가격, 해외 주식 투자 등 우리의 다양한 경제 활동에 직접적인 영향을 주며, 환율의 변동을 주의 깊게 살펴보는 것이 중요하다.

경제 정책이 개인에게 미치는 영향

경제 정책은 정부나 중앙은행이 경제를 안정시키고 성장을 촉진하기 위해 마련하는 다양한 계획과 조치를 말한다. 이러한 정책은 우리의 일상 생활, 즉 일자리, 소득, 물가, 그리고 저축과 투자에 큰 영향을 미친다. 여기서는 경제 정책이 개인에게 어떤 영향을 미치는지 알아보자.

1. 일자리 창출과 실업률 감소

경제 정책 중 하나인 재정 정책은 정부가 지출을 늘리거나 세금을 줄이는 것이다. 이러한 정책을 통해 정부는 대규모 공공 프로젝트에 투자하고, 그 결과 많은 일자리가 생겨난다. 이는 실업률을 감소시키고, 더 많은 사람이 일자리를 얻게 되면서 소득이 증가한다. 증가한 소득은 다시 소비를 촉진하고, 이는 경제 성장에 도움이 된다.

2. 물가 안정

중앙은행이 시행하는 통화 정책은 물가 안정에 중요한 역할을 한다. 인플레이션이 과도하게 증가하면, 중앙은행은 금리를 올려 돈의 가치를 높이고, 소비를 억제하여 물가 상승을 제어한다. 반대로, 경기가 침체하여 물가가 하락할 때는 금리를 낮춰 소비와 투자를 촉진한다. 이러한 조치는 일상생활에서 우리가 구매하는 상품과 서비스의 가격 안정에 도움을 준다.

3. 소득과 소비

경제 정책은 개인의 소득과 소비에 영향을 준다. 세금 감면이나 정부 보조금과 같은 재정 정책은 가계의 실소득을 증가시킨다. 이는 가정의 소비 능력을 향상하고 더 많은 상품과 서비스를 구매할 수 있는 능력을 제공한다.

4. 저축과 투자

금리는 저축과 투자 결정에 큰 영향을 준다. 금리가 낮아지면 저축보다는 소비나 투자가 더 매력적으로 된다. 반대로 금리가 높아지면 사람들은 저축을 더 많이 하려는 경향이 있다. 이는 장기적인 자산 형성이나 은퇴 계획에도 영향을 준다.

경제 정책은 개인의 일자리, 소득, 물가, 그리고 저축과 투자 등 다양한 측면에서 직접적인 영향을 준다. 따라서 정부와 중앙은행의 정책 변화를 주의 깊게 살펴보는 것이 중요하다.

경제 뉴스로 본 미래 경제 전망

경제에 관한 뉴스를 통해 앞으로의 경제 상황이 어떻게 변할지를 예측하고 분석하는 것을 의미한다. 경제 뉴스는 정부의 정책, 금리 변동, 산업의 성장이나 위축, 국제 경제 상황 등 다양한 요소들을 포함한다. 이러한 정보들을 종합해 미래의 경제 상황을 예측하는 것은 일반인들에게도 중요한 의미가 있다.

정부가 새로운 경제 정책을 발표하는 경우, 그 영향은 개인의 경제 활동 전반에 걸쳐 크게 느껴질 수 있다. 예를 들어, 정부가 세금을 낮추기로 하면, 이는 개인의 실소득, 즉 소득에서 세금을 제외한 후 남는 돈이 증가하게 만든다. 실소득이 늘어나면 사람들은 더 많은 소비를 할 수 있고, 이는 경제 성장에 긍정적인 영향을 미칠 수 있다. 반대로, 세금이 인상되면 실소득이 줄어들어 소비가 감소할 수 있고, 이는 경제에 부정적인 영향을 끼칠 수 있다.

또한, 정부가 소비자들에게 보조금을 제공하거나, 특정 산업에 대한 투자를 증가시키기로 하면, 소비와 투자가 촉진될 수 있다. 이러한 정책들은 경제 활동을 활성화하고, 일자리 창출과 같은 긍정적인 경제 효과를 가져올 수 있다.

중앙은행이 금리를 조절할 때도 큰 영향을 준다. 금리를 낮출 경우, 사람들은 저축보다는 소비나 투자를 더 선호하게 된다. 이는 기업들이 더 저렴한 비용으로 대출을 받아 투자를 확대할 수 있게 하고, 결과적으로 경제 성장을 촉진할 수 있다. 반대로, 금리가 높아지면 사람들은 돈을 더 저축하는 경향이 있고, 이는 소비와 투자를 줄여 경제 성장을 둔화시킬 수 있다. 주택담보 대출 이자율이나 저축 이자율과 같은 것들도 금리 조정에 따라 변화하며, 이는 개인의 재정 상태와 결정에 직접적인 영향을 준다.

이렇게 정부의 경제 정책과 중앙은행의 금리 조정은 개인의 소득, 소비, 저축, 투자 등에 직접적인 영향을 준다, 이러한 정책들을 잘 이해하고 자신의 경제 활동에 적절히 반영하는 것이 중요하다.

경제 뉴스가 국제 시장의 동향을 반영하는 것은 세계화된 오늘날의 경제에서 매우 중요한 부분이다. 국제 경제의 연결성은 매우 높아져, 한 나라의 경제 상황이 다른 나라에 큰 영향을 줄 수 있다. 이러한 상황을 이해하고 예측하는 것은 미래 경제 전망을 파악하는 데에 있어서 필수적이다.

예를 들어, 만약 중요한 무역 파트너인 나라의 경제 성장이 둔화한다면, 그 나라로부터의 수입 감소가 예상된다. 이는 우리나라의 수출 기업에게 부정적인 영향을 주어, 그 결과로 이들 기업의 수익성이 감소하고 국내 경제 성장에도 악영향을 미칠 수 있다. 또한, 이러한 경제 성장 둔화는 해당 나라의 구매력 감소로 이어져, 우리나라 상품에 대한 수요도 줄게 된다. 이는 국내 생산과 고용에도 부정적인 영향을 줄 수 있다.

그뿐만 아니라, 국제 원자재 가격의 변동도 중요한 요소이다. 예를 들어, 원유 가격의 상승은 에너지 수입에 의존하는 나라들에 비용 부담을 증가시킬 수 있다. 이는 인플레이션 압력을 증가시키고, 중앙은행이 금리를 인상할 가능성을 높여, 궁극적으로 소비와 투자를 위축시킬 수 있다.

이처럼 경제 뉴스를 통해 국제 시장의 동향을 주시하고, 이러한 동향이 국내 경제에 미칠 영향을 분석하는 것은 중요하다. 국제 경제의 변화를 예측하고 대비함으로써, 불확실성을 줄이고 안정적인 경제 성장을 도모할 수 있다. 따라서 국제 경제 뉴스의 주요 내용을 이해하고, 이를 바탕으로 한 미래 경제 전망을 통해 개인과 기업은 더욱 현명한 결정을 내릴 수 있다.

5

나를 위한 경제,
개인 재무 관리

저축과 투자의
선택

저축과 투자는 우리가 돈을 관리하는 두 가지 중요한 방법이다. 이 둘은 각각의 장단점이 있으며, 우리의 목표와 상황에 따라 적절히 선택해야 한다.

저축

저축은 당장 사용하지 않을 자금을 안전하게 보관하면서 시간이 지남에 따라 소액의 이자를 받기 위해 은행이나 금융기관에 돈을 맡기는 행위이다. 이 과정에서 가장 대표적인 방법은 예금이다.

예금에는 크게 두 가지 종류가 있다.

1. 수시입출금예금(요구불예금)

언제든지 자유롭게 입출금할 수 있는 계좌로, 일상적인 거래에 주로 사용된다. 이자는 낮지만, 유동성이 높다.

2. 정기예금

일정 기간 돈을 맡기면 약속된 이자를 받을 수 있는 예금이다. 수시입출금예금에 비해 이자율이 높지만, 약정된 기간 돈을 찾을 때 이자가 줄어들거나 벌금이 부과될 수 있다.

저축의 가장 큰 장점은 안정성이다.

1. 원금 보장

투자와 달리 저축은 원금 손실의 위험이 거의 없으며, 금융기관의 파산 등 특별한 상황을 제외하고는 원금을 잃을 염려가 적다.

2. 접근성과 유동성

필요할 때 언제든지 돈을 찾을 수 있는 접근성이 좋고, 특히 수시입출금예금의 경우 매우 높은 유동성을 자랑한다.

그러나 저축에는 몇 가지 단점도 있다.

1. 낮은 수익률

일반적으로 예금의 이자율은 낮으며, 특히 인플레이션율이 높은 환경에서는 실질적인 구매력이 줄어들 수 있다.

2. 물가상승률 대비 저조한 성과

경제가 성장하고 물가가 상승하는 환경에서는 저축으로 얻는 이자가 물가상승률을 따라잡지 못할 수 있어, 시간이 지남에 따라 돈의 가치가 실제로 감소할 수 있다.

비록 저축의 수익률이 낮을 수 있지만, 긴급한 자금 필요, 예기치 않은 지출, 또는 장기적인 목표 달성을 위해 필수적이다. 안정적인 재정 관리의 첫걸음으로서, 저축은 위험을 최소화하면서 재정적 안전망을 구축하는 데 중요한 역할을 한다.

저축은 낮은 위험과 안정된 수익을 추구하는 이들에게 적합하며, 장기적인 재정 계획의 기반을 마련하는 데 있어 핵심적인 부분이다. 저축을 통해 재정적 안정성을 확보하고, 더 높은 수익을 위한 투자로 나아갈 준비를 할 수 있다.

투자

투자는 개인이나 기업이 미래의 이익을 기대하며 현재의 자금을 주식, 채권, 부동산 등 다양한 자산에 배치하는 행위이다. 투자의 목표는 자본을 증대시키고, 이를 통해 재정적 안정과 성장을 이루는 것이다.

투자의 가장 큰 장점은 높은 수익 가능성을 통해 자본을 증가시킬 수 있다는 것이다.

1. 수익성
투자는 저축보다 높은 수익을 올릴 가능성이 크다. 예를 들어, 주식 시장은 역사적으로 장기적으로 높은 수익률을 보여왔다.

2. 다양화
투자를 통해 자산을 다양하게 분산함으로써 위험을 줄일 수 있다. 예를 들어, 주식, 채권, 부동산 등에 분산 투자하면 특정 자산의 가치가 하락하더라도 전체 포트폴리오의 위험은 줄어든다.

3. 인플레이션 방어
투자는 인플레이션으로 인한 화폐 가치 하락을 방어하는 데 도움이 된다. 예를 들어, 부동산이나 주식은 시간이 지남에 따라 가치가 상승할 수 있다.

그러나 투자에는 몇 가지 단점도 있다.

1. 위험성

모든 투자에는 위험이 따른다. 주식 시장의 변동성, 부동산 시장의 침체 등 다양한 요인으로 인해 투자금의 손실 가능성이 있다.

2. 복잡성

투자에는 시장 분석, 경제 동향 파악, 금융 지식 등 복잡한 요소들이 필요하다. 잘못된 정보나 판단으로 인해 손실을 볼 수 있다.

3. 시간과 노력

성공적인 투자를 위해서는 지속적인 관리와 감시가 필요하다. 이는 많은 시간과 노력을 요구할 수 있다.

주요 투자 자산은 다음과 같다.

1. 주식

기업의 지분을 소유함으로써 이익을 얻는 방식이다. 주가는 기업의 성과와 시장 상황에 따라 변동된다.

2. 채권

정부나 기업이 자금을 조달하기 위해 발행하는 채무 증서이다. 투자자는 일정 기간 이자를 받으며, 만기 시 원금을 돌려받는다.

3. 부동산

주거용, 상업용, 토지 등 물리적 자산에 투자하는 방식이다. 임대 수익과 자산 가치 상승을 통해 이익을 얻을 수 있다.

4. 펀드

여러 투자자의 자금을 모아 전문가가 주식, 채권, 부동산 등 다양한 자산에 투자하는 방식이다. 대표적으로 뮤추얼 펀드, ETF 등이 있다.

투자는 재정적 성장을 위한 중요한 수단이지만, 그만큼 신중한 접근이 필요하다. 투자 결정을 내릴 때는 자신의 재정 상태, 목표, 위험 감수 성향을 충분히 고려해야 하며, 필요하다면 금융 전문가의 조언을 받는 것이 좋다. 또한, 투자는 장기적인 시각에서 접근하는 것이 중요하며, 단기적인 시장 변동에 일희일비하지 않는 것이 좋다.

　저축과 투자의 선택은 개인의 재무 상황, 목표, 그리고 위험을 감수할 수 있는 능력에 따라 달라진다. 만약 안정적인 재무 관리를 원하고, 위험을 최소화하고 싶다면 저축이 더 나은 선택일 수 있다. 반면에, 더 큰 수익을 원하고 어느 정도의 위험을 감수할 수 있다면 투자가 적합할 수 있다.

내 지갑
관리하기

지갑 관리의 핵심은 지출을 철저히 통제하는 것이다. 효과적인 지갑 관리를 위해서는 지출 방식을 이해하고 조절해야 한다. 이는 지출 습관을 개선하고 재정 목표를 달성하는 데 도움이 된다. 간단히 말해, 지출을 현명하게 관리하는 것은 재정 상태를 개선한다. 따라서, 지출을 줄이고 저축하는 방법을 배우는 것이 중요하다. 이는 더 나은 재정 미래를 준비하는 데 도움이 된다.

1. 예산 세우기

먼저, 월간 예산을 세우는 것이 중요하다. 수입과 고정 지출(예 : 월세, 공과금, 보험료 등)을 파악한다. 그런 다음, 남은 돈을 식비, 교통비, 여가비 등으로 나눈다. 예산을 세우면 돈이 어디로 흘러가는지 쉽게 확인할 수 있다. 이렇게 하면 불필요한 지출을 줄일 수 있다. 또한, 돈을 더 효율적으로 사용할 수 있게 된다. 재정 관리를 더 잘할 수 있다.

2. 지출 기록하기

매일이나 매주 자신의 지출을 기록하는 것이 좋다. 이렇게 하면 어떤 지출이 불필요한지 알 수 있다. 그리고 어디서 돈을 절약할 수 있는지 파악할 수 있다. 이 과정을 통해 자신의 소비 패턴을 이해하게 된다. 스마트폰 앱을 사용하면 지출 기록이 더 쉬워지고 예산 관리를 더욱 효과적으로 만든다. 이러한 습관은 재정 상태를 개선하는 데 도움이 된다. 따라서 지출 기록은 재정 관리의 중요한 부분이 된다.

3. 필요 vs. 욕구 구분하기

물건을 구매하기 전에, 그것이 진정 필요한 것인지, 아니면 단순한 욕구인지 고민하는 것이 중요하다. 필요와 욕구를 구분하는 것은 돈을 절약하는 데 도움이 된다. 불필요한 물건에 돈을 쓰는 것보다 저축하거나 더 중요한 곳에 투자하는 것이 더 현명하다. 이러한 식별 과정은 재정 상태를 개선하는 데 도움이 된다. 그러므로, 구매 결정을 내릴 때 신중해야 한다. 결국, 이 습관은 재정 관리에 큰 도움이 된다.

4. 할인과 쿠폰 활용하기

쇼핑할 때는 할인이나 쿠폰을 적극적으로 활용하는 것이 좋다. 이를 통해 같은 금액으로 더 많은 것을 살 수 있다. 하지만, 할인 때문에 불필요한 물건을 사지 않도록 주의해야 한다. 할인을 잘 활용하면 돈을 절약할 수 있다. 쿠폰도 마찬가지로 경제적으로 도움이 된다. 따라서, 할인과 쿠폰을 잘 활용하는 습관을 들이는 것이 중요하다. 이 습관은 재정 관리에 큰 도움이 된다.

5. 저축과 투자 병행하기

지출을 줄여서 남은 돈은 저축하거나 투자하는 것이 좋다. 저축은 긴급 상황에 대비할 수 있게 해준다. 투자는 장기적으로 재정적 성장을 도와준다. 저축과 투자를 병행하면 재정 상태가 안정된다. 저축은 언제든 사용할 수 있는 돈을 마련해 준다. 투자는 돈을 더 불릴 기회를 제공한다. 그러므로, 저축과 투자를 병행하는 습관이 필요하다.

6. 부채 관리하기

신용카드나 대출이 있다면, 이자율을 잘 파악하는 것이 중요하다. 가능한 한 빨리 상환하는 것이 중요하다. 높은 이자율의 부채는 재정 상태를 악화시킬 수 있다. 부채를 빨리 갚으면 재정 상황이 개선될 수 있다. 이자율을 알고 있으면 더 나은 재무 계획을 세울 수 있다.

이와 같은 방법들을 통해 지출을 효과적으로 관리하면, 재정 상태가 더욱 안정되고, 장기적인 재정 목표를 달성하는 데 도움이 된다.

경제적 자유를 위한
장기 계획

경제적 자유를 달성하기 위한 장기 재정 계획은 명확한 목표 설정에서 시작된다. 예를 들어, 10년 이내에 집을 구매하거나 20년 후에 편안한 은퇴 생활을 즐길 수 있도록 하는 것과 같은 구체적인 목표들이 금융 계획의 방향을 제시하며, 세부 계획을 수립하는 데에 있어 중요한 역할을 한다.

월별 수입과 지출을 잘 관리하는 것은 정말 중요하다. 돈을 어떻게 쓰는지 알면, 더 잘 계획할 수 있다. 예산을 세우는 것은 필수이며, 이를 통해 불필요한 지출을 줄일 수 있다. 저축과 투자를 통해 자산을 늘리는 것도 매우 중요하다. 이렇게 함으로써, 우리는 재정 상태를 안정적으로 유지할 수 있다. 예산 관리는 재정 계획의 기초가 되며, 이 기초 위에 재정 안정성이 구축된다. 그러므로, 이 모든 과정에 신경을 써야 한다.

단기 저축뿐만 아니라 장기 투자 계획도 필요하다. 저축은 비상 상황에 대비할 수 있게 해주며, 투자는 장기적으로 자산을 효과적으로 증가시킬 수 있다. 주식, 채권, 부동산 등이 투자의 예가 될 수 있다. 투자는 초기 위험을 수반할 수 있지만 장기적으로 상당한 수익을 제공할 수 있다.

신용카드 빚이나 대출이 있다면, 이자율을 이해하고 가능한 빨리 상환하는 것이 중요하다. 높은 이자율의 빚은 재정 상태를 악화시킬 수 있으므로, 가장 높은 이자율의 빚부터 상환하는 것을 우선순위에 두어야 한다.

예기치 못한 위험에 대비하기 위해, 건강보험, 생명보험, 재산보험과 같은 보험 상품을 고려하는 것이 좋다. 이러한 위험 관리 전략은 재정을 보호하기 위해 재정 계획의 중요한 부분이 되어야 한다.

정기적으로 재정 상태를 검토하고 계획을 그에 따라 조정하는 것이 필요하다. 이를 통해 계획이 의도한 대로 진행되고 있는지 확인하고 목표를 달성하기 위한 최선의 전략을 탐색할 수 있다. 재정 상태를 검토하는 것은 계획에 필요한 조정을 하는 데 도움이 된다.

경제적 자유를 달성하기 위한 장기 재정 계획에 고려해야 할 핵심 요소는 목표 설정, 예산 관리, 저축과 투자, 빚 관리, 위험 관리, 그리고 정기적인 재정 상태 검토이다. 이러한 요소들을 일관되게 실행하고 감시함으로써, 안정적인 재정 상태를 유지하고 목표에 더 가까워질 수 있다.

〈 장기 재정 계획 〉

시간대	목표 설정	저축	투자
1년	비상금 조성	매월 일정액 저축	낮은 위험 투자 (예 : 예금, 적금)
3년	단기 목표 달성 (예 : 여행, 교육비)	목표 기반 저축 증가	중위험 투자 (예 : 채권, 혼합형 펀드)
5년	중기 목표 달성 (예 : 자동차 구매, 대학교육비)	목표에 맞는 저축 전략	중위험 ~ 고위험 투자 (예 : 주식, 부동산 투자)
10년+	장기 목표 달성 (예 : 주택 구매, 은퇴 준비)	장기 저축 고수	고위험 투자 (예 : 주식, 부동산, 해외 투자)

연금과 보험,
제대로 알고 준비하기

연금과 보험은 우리의 재정 계획에서 매우 중요한 부분을 차지한다. 이를 제대로 이해하고 준비하는 것은 미래의 재정적 안정성을 확보하는 데 큰 도움이 된다.

연금

연금은 우리가 은퇴 후에도 안정적인 생활을 유지할 수 있도록 도와주는 금융 상품이다. 연금은 크게 공적연금과 사적연금으로 나눌 수 있으며, 각각의 종류와 특징에 대해 알아보자.

1. 공적연금

공적연금은 국가가 운영하는 연금 제도이며, 대표적으로 국민연금이 있다. 모든 국민은 일정 기간 소득의 일부를 납부하고, 일정 나이에 도달하면 연금을 받을 수 있다.

- **국민연금** : 가장 대표적인 공적연금이다. 18세 이상 60세 미만의 국민이 가입 대상이며, 소득의 일정 비율을 매월 낸다. 가입 기간과 납부 금액에 따라 수령 금액이 결정되며, 현재는 65세 이후부터 연금을 받을 수 있다.

2. 사적연금

사적연금은 개인이 자발적으로 가입하는 연금 제도이며, 다양한 금융 기관에서 제공하는 상품이다. 사적연금은 크게 개인연금과 퇴직연금으로 나눌 수 있다.

- **개인연금** : 개인이 금융 기관에 일정 금액을 납부하고, 약정된 나이에 도달하면 연금을 받는 방식이다. 개인연금은 가입자의 선택에 따라 다양한 상품이 있으며, 납부 방식과 수령 방식도 다양하다.
- **퇴직연금** : 근로자가 퇴직 후 받을 수 있는 연금으로, 회사가 근로자의 퇴직금을 대신하여 금융 기관에 적립하는 방식이다. 퇴직연금은 기업의 재정 상태에 따라 보장되며, 근로자는 퇴직 후 일정 기간 연금을 받을 수 있다. 퇴직연금은 다시 확정급여형DB형과 확

정기여형DC형으로 나뉜다. 확정급여형은 퇴직 후 받을 연금액이 사전에 결정된 방식이다. 회사가 연금을 운용하며, 근로자는 일정한 금액을 받는다. 확정기여형은 근로자가 낸 금액과 운용 실적에 따라 연금액이 결정되는 방식이다. 근로자가 직접 연금을 운용하거나, 금융 기관이 대신 운용할 수 있다.

연금은 은퇴 후 소득이 줄어드는 상황에서 경제적 안정을 제공하는 중요한 수단이다. 연금을 통해 은퇴 후에도 일정한 소득을 유지할 수 있어 생활의 질을 높일 수 있다. 또한, 연금은 장기적인 재정 계획의 중요한 부분으로, 젊을 때부터 꾸준히 준비하는 것이 바람직하다.

보험

보험은 개인이나 단체가 예상치 못한 사고나 재난에 대비하여 경제적 손실을 최소화하기 위해 가입하는 금융 상품이다. 보험은 여러 종류가 있으며, 각각의 목적과 보장 내용에 따라 다르다. 다음은 주요 보험의 종류와 그 특징이다.

1. 생명보험
 - **종신보험** : 피보험자가 사망할 경우, 유족에게 보험금이 지급되는

보험이다. 사망 시기와 관계없이 보험금이 지급되므로 유족의 경제적 안정을 도모할 수 있다.

- **정기보험** : 일정 기간만 보장되는 보험으로, 그 기간 내에 사망할 때만 보험금이 지급된다. 종신보험보다 보험료가 저렴하다.
- **변액보험** : 보험료의 일부를 주식이나 채권 등에 투자하여 수익을 내는 보험이다. 투자 성과에 따라 보험금이 변동될 수 있다.

2. 건강보험

- **의료비 보험** : 질병이나 상해로 인한 병원비를 보장해 주는 보험이다. 입원비, 수술비, 진단비 등을 포함할 수 있다.
- **암보험** : 암 진단 시 보험금을 지급하는 보험이다. 암 치료비와 관련된 경제적 부담을 줄여준다.
- **실손의료보험** : 실제 발생한 의료비를 보장해 주는 보험으로, 국민건강보험에서 보장되지 않는 부분을 보충해 준다.

3. 자동차보험

- **책임보험** : 자동차 사고로 인한 상대방의 인적, 물적 피해를 보상해 주는 의무 보험이다. 법적으로 가입이 필수이다.
- **종합보험** : 책임보험 외에도 자기 차량 손해, 대인 배상, 대물 배상 등을 포함한 다양한 보장을 제공하는 보험이다.

4. 화재보험

화재로 인한 재산 피해를 보상해 주는 보험이다. 주택, 상가, 공장 등의 화재 사고에 대비할 수 있다.

5. 여행자보험

여행 중 발생할 수 있는 사고, 질병, 도난 등에 대비한 보험이다. 여행 기간의 의료비, 배상책임, 여행 취소 비용 등을 보장한다.

6. 배상책임보험

자신이 타인에게 끼친 손해에 대해 배상할 책임이 있을 때, 그 손해를 보상해 주는 보험이다. 예를 들어, 주택 소유자가 집에서 발생한 사고로 타인에게 입힌 피해를 보상받을 수 있다.

각 보험 상품은 세부 조건과 보장 범위가 다르며, 가입자의 필요와 상황에 따라 적절한 보험을 선택하는 것이 중요하다. 보험 가입 시에는 보장 내용, 보험료, 보험기간 등을 꼼꼼히 확인하고, 필요시 전문가의 상담을 받는 것이 좋다.

노후 준비와
은퇴 계획

노후 준비와 은퇴 계획은 활동적인 직장 생활을 마치고 편안한 노년기를 보내기 위한 필수 과정이다. 이 과정에는 경제적 준비뿐만 아니라 건강, 여가 활동, 사회적 관계 등 여러 측면이 포함된다. 인생의 황금기를 편안하게 보내기 위해서는 노후에도 안정적인 수입원이 있어야 한다. 이를 위해 미리 준비하는 것이 중요하다. 은퇴 후에도 생활비, 의료비, 여가 활동 비용 등 일상생활을 유지하기 위한 비용이 지속해서 발생하기 때문이다.

은퇴 계획의 주요 요소는 다음과 같다.

1. 저축 및 투자

은퇴하기 전에 충분한 자금을 모으는 것은 매우 중요하다. 이를 위해 정기적으로 저축하고 투자하는 전략이 필요하다. 주식, 채권, 부동산, 연금 상품 등 다양한 투자 옵션이 있다. 이러한 투자 옵션을 활용하면 자본을 늘릴 수 있다. 결국, 충분한 자금을 모으면 안정적인 노후 생활을 할 수 있다.

2. 연금 계획

국민연금, 개인연금, 퇴직연금 등 다양한 연금 제도를 활용할 수 있다. 각 연금 제도의 특징을 잘 파악하는 것이 중요하다. 자신에게 맞는 계획을 세우면 노후 자금을 마련할 수 있다. 다양한 연금 제도를 활용하면 안정적인 노후 생활을 준비할 수 있다. 올바른 연금 계획은 경제적 안정을 제공한다.

3. 건강 관리

노후에 경제적 부담을 줄이는 데 건강 유지가 중요하다. 정기적인 건강 검진과 적절한 운동, 균형 잡힌 영양 섭취가 필요하다. 이런 활동은 의료비를 줄이고 삶의 질을 높이는 데 도움이 된다. 건강한 생활 습관은 행복한 은퇴 생활에 도움이 된다. 건강을 중시하면 장기적으로 재정적, 개인적 안녕을 달성할 수 있다.

4. 비상 자금 마련

갑작스러운 사고나 질병에 대비해 비상 자금을 마련하는 것이 중요하다. 비상 자금은 예기치 않은 상황에서도 경제적 안정성을 유지하게 해준다. 이를 통해 갑작스러운 지출에 대비할 수 있다. 비상 자금이 있으면 재정적 스트레스를 줄일 수 있다. 경제적 안정을 위해 비상 자금을 확보하는 것이 필요하다.

〈 은퇴계획 〉

요소	활동 및 전략	목표 및 이점
저축 및 투자	- 정기적인 저축 계획 수립 - 다양한 투자 상품에 대한 투자 - 위험 관리 및 분산 투자	- 충분한 은퇴 자금 마련 - 자산 가치 증가
연금 계획	- 국민연금, 개인연금, 퇴직연금 등에 가입 - 연금 수령액 및 수령 시기 결정	- 안정적인 노후 수입원 확보 - 경제적 안정성 유지
건강 관리	- 정기적인 건강 검진 - 적절한 운동 및 영양 섭취 - 건강한 생활 습관 유지	- 의료비 절감 - 노후 생활의 질 향상
비상 자금 마련	- 비상 자금 계좌 설정 - 비상 상황을 위한 예산 배정	- 긴급 상황 시 경제적 충격 완화 - 안정인인 재정 상태 유지
여가 및 사회 활동	- 취미 및 관심사 탐색 - 사회적 네트워크 유지 및 확장	- 은퇴 후 삶의 만족도 및 행복 증진 - 사회적 고립감 방지

노후 준비와 은퇴 계획은 일생을 통틀어 가장 중요한 재정 계획 중 하나이다. 조기에 계획을 시작하고, 지속해서 검토 및 조정을 하는 것이 성공적인 노후 생활을 위한 열쇠가 된다. 이 과정에서 전문가의 조언을 구하는 것도 매우 유용할 수 있다.

부동산 투자와 임대 사업

부동산 투자는 토지, 주택, 아파트, 오피스 빌딩, 상업용 건물 등 다양한 유형의 부동산을 구매하고, 이를 통해 장기적으로 수익을 창출하는 투자 방법이다. 부동산 투자의 주요 목적은 임대 수익의 획득과 자산 가치의 상승을 통해 수익을 얻는 것이다. 이러한 투자는 다음과 같은 여러 방법으로 이루어질 수 있다.

1. 임대 수익형 부동산 투자

이는 부동산을 구매하고, 그 부동산을 임대하여 정기적인 이익을 얻는 방식이다. 주거용 부동산(아파트, 주택)뿐만 아니라 상업용 부동산(상점, 사무실)도 임대 수익 목적으로 투자될 수 있다. 임대 수익형 부동산 투자의 핵심은 안정적이고 지속적인 수익을 창출하는 데 있다.

2. 부동산 개발 및 매매

부동산을 저렴한 가격에 구매한 후 개발, 개조, 혹은 보수를 거쳐 가치를 증가시키고, 이를 높은 가격에 판매하여 차익을 실현하는 방식이다. 이 방식은 더 높은 수익을 기대할 수 있으나, 시장의 변화에 민감하고, 개발 과정에서 예상치 못한 비용이 발생할 수 있는 위험도 있다.

3. 부동산 투자 신탁REITs

여러 투자자로부터 자금을 모아 부동산이나 부동산 관련 자산에 투자하는 기업이다. 개인 투자자는 REITs에 투자함으로써 대규모 부동산 프로젝트에 간접적으로 참여할 수 있으며, 배당금 형태로 이익을 얻을 수 있다. 이는 큰 자본 없이도 부동산 시장에 참여할 방법의 하나이다.

부동산 투자의 장점은 다음과 같다.

- **장기적인 가치 상승** : 특히 좋은 위치에 있는 부동산은 시간이 지남에 따라 가치가 상승하는 경향이 있다.
- **안정적인 수익 창출** : 임대 사업을 통해 정기적이고 안정적인 수익을 창출할 수 있다.
- **인플레이션 헤지** : 부동산 가치는 일반적으로 인플레이션과 함께 상승하여, 인플레이션에 대한 헤지 수단이 될 수 있다.

부동산 투자의 단점은 다음과 같다.

- **고정적인 투자 필요** : 부동산 투자는 상대적으로 높은 초기 자본이 필요하며, 유동성이 낮은 편이다.
- **관리의 어려움** : 임대 사업의 경우, 임대인으로서 건물 관리와 세입자 관리에 대한 책임이 따른다.
- **시장 변동성** : 부동산 시장은 지역적 요인, 경제 상황, 정치적 상황 등에 의해 영향을 받으므로, 투자 시 시장 조사와 분석이 필요하다.

부동산 투자를 고려할 때, 자신의 재정 상황, 투자 목표, 시장 상황 등을 자세히 고려하여 신중한 결정을 내리는 것이 중요하다. 또한, 부동산 투자와 관련하여 법률적, 세금적 사항을 잘 이해하고 있어야 한다.

임대 사업

임대 사업은 부동산을 소유하고 이를 타인에게 일정 기간 사용하게 하고, 그 대가로 임대료를 받는 사업이다. 이는 주로 주택, 아파트, 상업 시설, 사무실 등 다양한 유형의 부동산에 적용될 수 있으며, 장기적으로 안정적인 수익을 창출할 방법의 하나로 꼽는다.

1. 부동산 선택

성공적인 임대 사업을 위해서는 위치, 시장 상황, 임대 수요 등을 고려하여 적합한 부동산을 선택하는 것이 중요하다.

2. 구매 및 준비

선택한 부동산을 구매하고, 임대를 위해 필요한 수리나 리모델링을 진행한다.

3. 임대료 책정

시장 조사를 통해 적절한 임대료를 책정한다. 너무 높거나 낮은 임대료 설정은 임대 사업에 부정적인 영향을 줄 수 있다.

4. 임대 계약

임차인을 찾아 임대 계약을 체결한다. 계약서에는 임대 기간, 임대료, 보증금, 계약 위반 시 조치 등이 명시되어야 한다.

5. 운영 및 관리

임대 기간 부동산의 유지보수를 관리하고, 임차인과의 관계를 유지하며, 임대료를 수령한다.

임대 사업의 장점은 다음과 같다.

- **안정적 수익 창출** : 임대 사업은 임차인으로부터 정기적으로 임대료를 받음으로써 안정적인 수익을 창출할 수 있다. 이는 특히 장기 임대 계약을 통해 더욱 확실해질 수 있다. 또한, 부동산 시장이 호황일 때는 부동산 가치 상승으로 인해 매매 시 추가 수익을 얻을 수 있는 기회도 있다.
- **인플레이션 헤지** : 인플레이션으로 인한 화폐 가치 하락 시, 실물 자산인 부동산은 그 가치가 상대적으로 보존되거나 증가하는 경향이 있고 이는 장기적으로 자산 가치를 보호하는 효과적인 방법이 될 수 있다.
- **세제 혜택** : 임대 소득에서 발생하는 필요 경비(예 : 유지 보수 비용, 이자 비용, 관리비 등)를 공제받을 수 있다.

임대 사업의 단점은 다음과 같다.

- **초기 투자 비용** : 임대 사업을 시작하기 위해서는 부동산을 구매해야 하며, 이를 위한 초기 투자 비용이 상당히 높을 수 있다. 또한, 임대 준비 과정에서 발생하는 수리 비용이나 개선 비용도 고려해야 한다.

- **운영 및 관리 부담** : 임대 사업은 단순히 부동산을 소유하는 것 이상의 관리가 필요하다. 임차인과의 의사소통, 계약 관리, 유지 보수, 긴급 상황 대응 등 다양한 운영 활동이 필요하며, 이는 시간 과 비용이 많이 드는 일이 될 수 있다.
- **시장 변동성** : 부동산 시장은 지역 경제, 이자율, 정부 정책 등 다 양한 외부 요인에 의해 영향을 받는다. 시장 상황에 따라 임대 수 익이 감소하거나, 부동산 가치가 하락할 위험이 있다. 이는 임대 사업의 수익성과 안정성에 부정적인 영향을 미칠 수 있다.

임대 사업은 철저한 시장 분석과 장기적인 관점에서의 계획이 필요한 사업이다. 성공적인 임대 사업을 위해서는 부동산 선택부터 운영, 관리 에 이르기까지 신중한 접근과 지속적인 노력이 요구된다.

6

경제와 기술의 미래

현금에서 암호화폐로, 디지털 화폐의 진화

현금은 우리가 일상생활에서 가장 많이 사용하는 화폐 형태이다. 그러나 최근 몇 년 동안, 인터넷과 기술의 발전으로 디지털 화폐, 특히 암호화폐가 주목받기 시작했다. 이러한 변화는 경제와 금융 시스템 전반에 큰 영향을 준다.

디지털 화폐는 컴퓨터나 스마트폰 같은 디지털 장치에서 사용되는 전자화폐이다. 그중에서도 암호화폐는 보안성이 높고, 탈중앙화된 성격을 가지고 있어 기존의 금융 시스템과는 다른 특징을 가지고 있다. 가장 잘 알려진 암호화폐로는 비트코인Bitcoin과 이더리움Ethereum이 있다.

비트코인

비트코인은 2009년에 사토시 나카모토라는 익명의 인물이 개발한 최초의 암호화폐이다. 비트코인은 중앙은행이나 정부의 개입 없이 개인 간 직접 거래를 가능하게 하는 분산형 디지털 화폐이다. 다음은 비트코인에 대한 주요 설명이다:

비트코인의 특징은 다음과 같다.

1. 탈중앙화

비트코인은 중앙 관리 기관이 없다. 대신, 모든 거래는 블록체인이라는 분산 원장 기술을 통해 기록되고 관리된다. 블록체인은 거래 내역이 포함된 블록들이 체인 형태로 연결된 구조로, 모든 참여자가 거래 내역을 확인할 수 있어 투명성과 보안성이 높다.

2. 한정된 공급량

비트코인의 총발행량은 2,100만 개로 제한되어 있다. 이는 인플레이션을 방지하고, 시간이 지남에 따라 가치가 상승할 가능성을 높여준다.

3. 거래의 익명성

비트코인 거래는 개인 정보가 아닌 고유의 주소를 통해 이루어지기 때문에 상대적으로 익명성이 보장된다. 하지만 모든 거래 내역이 공개되어 있어 완전한 익명성은 아니다.

4. 국경 없는 거래

비트코인은 인터넷만 있으면 전 세계 어디서나 거래될 수 있다. 이는 특히 국제 송금 시 빠르고 저렴한 수단이 된다.

5. 보안

비트코인 거래는 암호화 기술을 사용하여 안전하게 보호된다. 또한, 블록체인 기술로 인해 거래 내역을 변경하거나 위조하는 것이 거의 불가능하다.

비트코인의 단점과 위험성은 다음과 같다.

1. 높은 변동성

비트코인의 가격 변동성이 매우 크다. 이는 투자에 있어 큰 수익을 가져다줄 수 있지만, 큰 손실을 초래할 위험이 있다.

2. 규제 불확실성

많은 국가에서 비트코인과 같은 암호화폐에 대한 규제가 명확하지 않거나 변화 중이다. 이는 법적 위험을 수반할 수 있다.

3. 보안 문제

비트코인 자체는 안전하지만, 비트코인을 저장하는 지갑이나 거래소는 해킹의 대상이 될 수 있다.

비트코인은 이러한 장단점을 가지고 있으며, 디지털 경제에서 중요한 역할을 한다. 비트코인에 투자하거나 사용하는 경우, 충분한 연구와 신중한 접근이 필요하다.

이더리움

이더리움 2015년에 비탈릭 부테린Vitalik Buterin이 개발한 블록체인 기반의 분산 컴퓨팅 플랫폼이다. 이더리움은 단순히 디지털 통화의 역할을 넘어, 스마트 계약Smart Contracts과 분산 애플리케이션DApps을 실행할 수 있는 기능을 제공한다. 이더리움의 원화폐는 이더Ether, ETH로 불리며, 이더리움 네트워크에서 거래 수수료 및 서비스 비용을 지급하는 데 사용된다.

이더리움의 주요 특징은 다음과 같다.

1. 스마트 계약

스마트 계약은 사전에 정의된 조건이 충족되면 자동으로 실행되는 자율적인 계약이다. 중개자 없이 신뢰할 수 있는 거래와 계약을 수행할 수 있어 다양한 분야에서 활용될 수 있다.

2. 분산 애플리케이션

이더리움은 블록체인 위에 다양한 애플리케이션을 개발할 수 있는 플랫폼을 제공한다. DApps는 중앙 서버가 아닌 분산 네트워크에서 실행되므로, 투명성, 보안성 및 신뢰성이 높다.

3. 이더

이더는 이더리움 네트워크의 연료 역할을 하며, 거래 수수료 및 스마트 계약 실행 비용을 지급하는 데 사용된다.

4. 탈중앙화

이더리움은 중앙 집중식 서버가 아닌 분산된 노드 네트워크에서 운영된다. 이는 단일 실패 지점을 제거하여 보안성과 신뢰성을 높인다.

5. 확장성

이더리움 커뮤니티는 네트워크의 확장성을 개선하기 위해 지속해서 연구하고 있으며, 이더리움 2.0_{Serenity} 업그레이드를 통해 지분 증명_{Proof}
_{of Stake, PoS} 방식으로 전환하여 처리 속도와 효율성을 높이고자 한다.

이더리움은 금융, 게임, 예술, 공급망 관리 등 다양한 산업에서 사용
되고 있으며, 블록체인 기술의 실용성을 증명해 준다. 그러나 네트워크
의 혼잡, 높은 수수료, 그리고 규제적 불확실성 등의 문제도 존재하므
로, 이더리움을 사용할 때는 이러한 점들을 고려해야 한다.

암호화폐는 블록체인이라는 기술을 기반으로 한다. 블록체인은 거래
정보를 블록에 담아 체인처럼 연결한 것이며, 모든 거래 내역이 모든 참
여자에게 공개되어 투명성과 보안성이 높다. 이는 해킹이나 위조가 어
려워 신뢰할 수 있는 거래를 가능하게 해 준다.

암호화폐의 장점 중 하나는 빠르고 저렴한 국제 송금이 가능하다는
것이다. 전통적인 은행 시스템을 이용할 경우, 국제 송금에는 높은 수수
료와 긴 시간이 소요될 수 있다. 반면, 암호화폐를 이용하면 비교적 낮
은 수수료로 빠르게 송금할 수 있다.

하지만 암호화폐는 아직까지 변동성이 크고, 법적 규제가 명확하지
않은 점이 단점으로 꼽힌다. 이에 따라 투자나 거래 시 신중한 접근이
필요하다.

이렇게 현금에서 암호화폐로의 진화는 우리의 경제와 금융 생활에 큰 변화를 불러오고 있다. 앞으로도 이 분야는 계속해서 발전할 것으로 예상되며, 이에 대한 이해와 준비가 필요하다.

인공지능이 경제에 끼치는 영향

인공지능AI은 인간의 학습, 추론, 인식, 그리고 언어 이해 능력을 모방하는 컴퓨터 시스템이다. 현대의 AI는 빅 데이터와 기계 학습, 특히 심층 학습(딥러닝) 기술을 기반으로 발전하고 있다. 이를 통해, AI는 이미지와 음성 인식, 자연어 처리 등 다양한 분야에서 인간과 유사하거나 때로는 더 뛰어난 성능을 보여준다.

AI의 발전은 자율주행 자동차, 개인 맞춤형 추천 시스템, 의료 진단 보조 도구 등 새로운 기술과 서비스를 가능하게 했다. 이러한 기술은 일상생활을 더욱 편리하게 만들고, 노동 시장과 산업 구조에 변화를 불러오며, 경제 전반에 걸쳐 생산성을 향상할 잠재력이 있다.

인공지능이 경제에 미치는 영향은 다음과 같다.

인공지능이 경제에 미치는 영향은 광범위하며, 여러 측면에서 나타나고 있다. 인공지능 기술의 발전은 경제 구조, 고용, 생산성, 그리고 소비자 서비스 등에 혁신적인 변화를 불러오고 있다. 아래에서 이러한 변화를 간략하게 살펴보겠다.

1. 생산성 향상

인공지능은 데이터를 분석하고 문제를 해결하며 반복적인 작업을 수행하는 능력이 뛰어나다. 예를 들어, 인공지능은 방대한 양의 데이터를 빠르게 처리하여 중요한 인사이트를 도출할 수 있다. 이를 통해 기업들은 더 적은 시간과 비용으로 더 많은 일을 할 수 있게 되었다. 예전에는 사람이 일일이 해야 했던 일을 인공지능이 대신하면서, 효율성이 크게 향상되었다. 이렇게 생산성이 향상하면, 기업의 수익도 늘어나고 경제 전반에 긍정적인 영향을 미친다. 결과적으로, 인공지능은 우리의 일상생활과 노동 환경을 더 편리하고 효율적으로 만들어준다.

2. 고용 구조 변화

인공지능과 자동화 기술의 발전은 일부 전통적인 직업이 줄어들게 하고 있으나, 동시에 새로운 직업 기회를 만들어내고 있다. 예를 들어, 인공지능 기술 관련 직무, 데이터 분석가, 인공지능 윤리 전문가와 같은 역할이 새롭게 생겨나고 있다. 이는 기술 발전이 단순히 기존의 일자리를 대체하는 것이 아니라, 새로운 분야에서의 기회를 창출한다는 것을 의미한다. 따라서, 인공지능과 자동화의 시대에는 지속적인 학습과 적응이 중요해진다. 결국, 이러한 변화는 고용 구조를 다양화하고 새로운 전문 분야를 개발하는 데 기여하고 있다.

3. 산업 변화와 새로운 비즈니스 모델

인공지능은 현재의 비즈니스 방식을 변혁하고, 전혀 새로운 산업과 기회를 만들어내고 있다. 예를 들어, 자율주행차는 운송과 관련된 기존의 개념을 바꾸어 놓고 있으며, 이는 운송 수단의 사용 방식부터 관련 산업의 구조까지 영향을 미치고 있다. 또한, 인공지능 기반의 개인화 추천 시스템은 소비자의 취향과 행동을 분석하여 개인에 맞는 상품이나 서비스를 제안함으로써 소매업의 판매 전략을 혁신하고 있다. 이러한 변화는 기업에 새로운 비즈니스 모델을 탐색할 기회를 제공하며, 소비자들에게는 더욱 향상된 경험을 선사한다. 인공지능의 발전은 우리 사회와 경제 전반에 걸쳐 지속적인 혁신을 촉진하고 있다.

4. 소비자 서비스 개선

인공지능은 소비자 서비스의 개인화와 효율성을 크게 향상한다. 예를 들어, 챗봇과 가상 비서는 실시간으로 고객의 질문에 답변해 준다. 또한, 인공지능 기반 추천 시스템은 사용자의 취향을 분석해 맞춤형 제품을 제안한다. 이러한 기술 덕분에 소비자들은 더 나은 서비스와 편리함을 누릴 수 있다.

5. 경제 구조의 변화

인공지능 기술은 경제의 여러 분야에 적용되어 경제 구조를 변화시키고 있다. 예를 들어, 농업에서는 인공지능이 작물의 최적 수확 시기를 예측해 생산성을 높인다. 금융 분야에서는 인공지능이 데이터를 분석해 투자 조언을 제공하며, 더 나은 재정 결정을 지원한다. 이러한 변화는 다양한 산업에서 효율성과 성과를 향상해 경제 전반에 긍정적인 영향을 미친다.

인공지능은 경제에 긍정적인 영향을 많이 미치고 있지만, 이러한 변화는 새로운 도전과제도 제시한다. 직업의 소멸, 데이터 보호, 인공지능 의사결정 과정의 투명성 등의 문제에 대한 사회적 논의와 대응이 필요하다. 따라서 인공지능 기술의 발전과 적용 과정에서는 기술적 진보뿐만 아니라 윤리적, 사회적 고려가 동반되어야 한다.

소유에서 접근으로,
공유 경제의 이해

공유경제는 자원을 효율적으로 사용하고, 경제적 이익을 창출하며, 환경에 긍정적인 영향을 미치는 새로운 경제 모델이다. 이 개념은 소유 대신 접근을 통해 자원을 활용하는 것을 중심으로 한다. 쉽게 말해, 물건을 소유하지 않고 필요할 때 빌려 쓰는 것이다.

공유경제의 주요 특징은 다음과 같다.

1. 자원 효율성

공유경제는 자원을 최대한 효율적으로 사용한다. 예를 들어, 자동차를 소유하는 대신, 필요할 때만 빌려 쓰는 '카셰어링'이 있다. 이는 자동차를 소유할 때 드는 비용과 자원을 절약할 수 있다.

2. 경제적 이익

공유경제는 개인과 기업 모두에게 경제적 이익을 준다. 예를 들어, 집을 소유한 사람이 사용하지 않는 방을 '에어비앤비'를 통해 여행객에게 대여하면 추가 이익을 얻을 수 있다.

3. 환경 보호

공유경제는 자원의 낭비를 줄이고, 새로운 제품 생산을 줄여 환경에 긍정적인 영향을 미친다. 여러 사람이 하나의 자원을 공유함으로써 자원의 소비를 줄일 수 있다.

- **카셰어링** : '쏘카'나 '그린카' 같은 서비스에서 특정 시간 동안 자동차를 빌려 쓸 수 있다.
- **에어비앤비**Airbnb : 개인이 소유한 집이나 방을 여행객에게 대여하는 서비스이다.
- **우버**Uber : 개인이 소유한 차량을 이용해 택시 서비스를 제공하는 플랫폼이다.
- **위워크**WeWork : 사무실 공간을 필요할 때만 빌려 쓸 수 있는 공유 오피스 서비스이다.

공유경제의 장단점은 다음과 같다.

장점
- **비용 절감** : 소유에 따른 비용 부담을 줄일 수 있다.
- **유연성** : 필요할 때만 자원을 이용할 수 있어 편리하다.
- **사회적 연결** : 자원을 공유하면서 새로운 사람들을 만날 수 있다.

단점
- **신뢰 문제** : 자원을 공유하는 사람들 간의 신뢰가 중요하다.
- **규제 문제** : 기존 법과 규제에 맞지 않는 경우가 있어 사회적 논의가 필요하다.
- **품질 관리** : 공유 자원의 품질을 유지하는 것이 어려울 수 있다.

공유경제는 앞으로도 더욱 발전할 가능성이 크며, 우리 생활에 많은 변화를 불러올 것이다. 이를 통해 자원의 효율적 사용과 경제적 이익을 모두 누릴 수 있다.

빅데이터의
경제적 활용

빅데이터와 예측 분석은 다양한 정보원에서 얻은 방대한 데이터를 분석해 미래를 예측하고, 이 예측을 통해 기업과 정부가 더 현명한 경제적 결정을 내리는 데 도움을 준다. 이 기술들은 소비자 행동의 분석, 재고 관리, 시장 동향 예측 등 다양한 분야에서 활용된다. 예를 들어, 소비자의 구매 패턴을 분석함으로써 어떤 제품이 인기를 끌게 될지 예측할 수 있다. 이를 통해 기업은 효율적인 재고 관리를 할 수 있고, 정부는 경제 정책을 개발하는 데 필요한 정보를 얻을 수 있다.

빅데이터란 무엇인가?

빅데이터는 매우 큰 양의 데이터를 의미하며, 이는 여러 출처에서 수집된다. 인터넷 검색 기록, 소셜 미디어 게시글, GPS 위치 정보 등이 빅데이터의 예이다. 이 데이터는 인터넷, 스마트폰, 센서 등 다양한 기기를 통해 수집된다. 빅데이터를 분석하면 다양한 패턴과 트렌드를 파악할 수 있다. 이를 통해 기업과 정부는 더 나은 결정을 내릴 수 있다. 빅데이터는 현대 사회에서 중요한 자원으로 자리 잡았다.

예측 분석이란 무엇인가?

예측 분석은 막대한 양의 빅데이터를 활용하여 미래의 경향이나 사건을 예측하는 과학적 기술이다. 이 기술은 과거 데이터를 분석하여 미래를 예측하는 데 중요한 역할을 한다. 예를 들어, 기업들은 과거의 판매 데이터를 분석하여 어떤 상품이 앞으로 인기를 끌게 될지 예측할 수 있다. 이런 예측을 통해 기업은 재고를 더 효율적으로 관리할 수 있게 된다. 또한, 고객의 수요를 더 정확하게 파악하여 그들이 원하는 상품을 제공할 수 있다. 예측 분석은 비단 상품 판매뿐만 아니라, 다양한 분야에서 활용된다. 이는 기업들이 더 나은 결정을 내릴 수 있도록 돕고, 경쟁력을 강화하는 데 도움이 된다. 결론적으로, 예측 분석은 빅데이터를 기반으로 미래를 예측하며, 이를 통해 기업과 사회 전반에 걸쳐 긍정적인 변화를 불러온다.

빅데이터와 예측 분석의 경제적 활용

1. 소비자 트렌드 분석

기업은 빅데이터를 통해 소비자들의 구매 패턴을 분석할 수 있다. 이를 통해 어떤 제품이 인기가 있을지 예측되며, 이에 맞춰 마케팅 전략을 세울 수 있다. 예를 들어, 온라인 쇼핑몰은 고객의 검색 기록을 분석하여 맞춤형 추천 상품을 제안할 수 있다.

2. 재고 관리

예측 분석을 통해 어떤 상품이 언제 많이 팔릴지 예측될 수 있다. 이를 통해 재고가 효율적으로 관리되고, 품절이나 과잉 재고 문제가 줄어든다.

3. 시장 예측

빅데이터를 활용하면 경제 지표나 시장 동향이 예측될 수 있다. 정부는 이를 통해 경제 정책을 세우고, 기업은 투자 결정을 내릴 수 있다.

4. 위험 관리

금융 기관은 빅데이터를 분석하여 대출 상환 능력이나 주식 시장의 변동성을 예측할 수 있다. 이를 통해 위험이 줄어들고, 안정적인 금융 환경이 유지된다.

　빅데이터와 예측 분석은 경제 결정을 내리는 데 있어 매우 중요한 도구이다. 이를 통해 기업과 정부는 더 정확하고 효율적인 결정을 내릴 수 있다. 이는 경제 전반에 긍정적인 영향을 준다. 빅데이터와 예측 분석의 활용은 앞으로 더욱 확대될 것이다. 이는 우리 생활에 큰 변화를 줄 것이다.

기술 발전과
미래 직업

기술 발전과 빅데이터, 예측 분석의 발전은 경제적 결정뿐만 아니라 미래 직업에도 큰 변화를 불러오고 있다. 이러한 변화는 다양한 산업에서 새로운 직업을 창출하고 기존 직업의 형태를 변화시키고 있다. 예를 들어, 빅데이터 분석가와 데이터 과학자의 수요가 급증하고 있다. 이들은 대량의 데이터를 분석하여 유의미한 통찰을 도출하고, 이를 바탕으로 기업과 정부에 더 나은 결정을 내릴 수 있도록 돕는다. 데이터 분석가는 다양한 산업에서 필요로 하며, 금융, 의료, 제조, 유통 등 거의 모든 분야에서 활발히 활동하고 있다.

또한, 인공지능과 머신러닝 전문가의 필요성도 증가하고 있다. 이들은 복잡한 알고리즘을 개발하고, 기계가 스스로 학습할 수 있도록 시스템을 구축한다. 이러한 기술은 자율주행차, 스마트 홈, 맞춤형 의료 서비스 등 다양한 혁신적인 제품과 서비스의 개발에 필수적이다. 예를 들어, 자율주행차는 인공지능 기반의 알고리즘을 통해 주행 환경을 스스로 분석하고 최적의 경로를 선택할 수 있다. 맞춤형 의료 서비스는 환자의 데이터를 분석하여 개인 맞춤형 치료 계획을 제공함으로써 의료의 질을 크게 향상한다.

로봇 공학자와 자동화 전문가는 미래 직업 시장에서 중요한 역할을 할 것이다. 로봇과 자동화 시스템은 제조업뿐만 아니라 농업, 의료, 물류 등 여러 분야에서 인간의 노동을 대체하거나 보조하고 있다. 이에 따라 생산성이 향상되고, 위험한 작업 환경에서의 안전성이 강화된다. 예를 들어, 자동화된 농업 시스템은 작물의 생장 상태를 실시간으로 감시하고 최적의 농업 환경을 조성하여 수확량을 극대화한다. 의료 분야에서는 수술용 로봇이 정밀한 수술을 수행하여 환자의 회복 시간을 단축하고 수술 성공률을 높인다.

기술 빌진은 또한 원격 근무와 디지털 노마드와 같은 새로운 직업 형태를 가능하게 하고 있다. 인터넷과 클라우드 기술의 발전으로 인해 물리적인 사무실 없이도 전 세계 어디서나 일할 수 있는 환경이 조성된다. 이는 일과 삶의 균형을 중시하는 현대인들에게 큰 매력을 준다. 예를 들어, 디지털 노마드는 인터넷 연결이 가능한 곳이라면 어디서든지 일을 할 수 있으며, 이를 통해 다양한 문화와 환경을 체험하면서도 직업적인 성과를 유지할 수 있다.

지속 가능한 발전과 친환경 기술의 중요성이 증가하면서, 재생 에너지 전문가와 환경 공학자와 같은 직업도 주목받고 있다. 이들은 기후 변화에 대응하고, 지속 가능한 에너지 자원을 개발하여 환경 보호에 이바지한다. 예를 들어, 태양광 발전 시스템을 설계하고 설치하는 전문가들은 청정에너지를 생산하여 화석 연료에 대한 의존도를 줄이고, 환경 오염을 감소시키는 데 중요한 역할을 한다.

기술 발전과 빅데이터, 예측 분석은 미래 직업 시장에 큰 변화를 준다. 새로운 직업이 생겨나고, 기존 직업이 변화하며, 우리는 이러한 변화를 통해 더 효율적이고 혁신적인 사회를 만들어가고 있다. 이러한 변화는 우리에게 새로운 기회와 도전을 제공하며, 이를 통해 우리의 삶의 질이 더욱 향상될 것이다.

지속 가능한
경제 발전

지속 가능한 경제 발전의 개념을 깊이 이해하기 위해서는 현재와 미래 세대의 필요를 충족시키는 것의 중요성을 인식해야 한다. 이는 우리가 사용하는 자원이 한정되어 있다는 사실을 기반으로 한다. 우리가 사용하는 모든 자원, 예를 들어 물, 에너지, 식량 등은 지구상에 한정적으로 존재한다. 따라서, 이러한 자원을 어떻게 효율적이고 공정하게 사용하고 관리할 것인지는 지속 가능한 발전을 위해 매우 중요한 질문이 된다. 마치 가정에서 예산을 책임감 있게 관리하듯, 지구의 자원도 신중하게 사용하고 관리하는 것이 필수적이다.

지속 가능한 경제 발전을 추구하는 것은 단순히 환경을 보호하는 것만을 의미하지 않는다. 이는 또한 사회적 공정성과 경제적 효율성을 동시에 추구하는 것을 의미한다. 예를 들어, 공장에서 생산량을 늘려 경제적 이득을 극대화하는 것이 일반적인 목표일 수 있지만, 이 과정에서 생산 활동으로 인한 환경 오염이 발생할 경우, 이는 지속 가능한 발전의 원칙에 어긋난다. 따라서, 환경 오염을 최소화하고 자원을 효율적으로 사용하는 것, 그리고 가능하다면 재활용을 통해 자원의 순환을 꾀하는 것이 중요하다. 이렇게 함으로써 경제적 이득과 환경 보호를 동시에 달성할 수 있다.

사회적 측면에서도 지속 가능한 경제 발전은 매우 중요한 의미가 있다. 경제 발전의 혜택이 사회 구성원 전체에게 공평하게 분배되도록 하는 것은 이 개념의 중심에 있다. 이는 교육과 건강 서비스의 접근성을 개선해 주고, 빈곤 문제를 해결해 주며, 고용 기회를 창출해 준다. 사회 구성원 각자가 경제 발전의 혜택을 누릴 수 있게 하고, 누구도 소외되지 않게 하는 것은 지속 가능한 사회를 만드는 데 있어서 필수적이다.

종합적으로 볼 때, 지속 가능한 경제 발전은 경제적 이익의 극대화뿐만 아니라 환경 보호와 사회적 공정성을 동시에 추구하는 복합적인 개념이다. 이를 통해 우리는 현재뿐 아니라 미래 세대에게도 건강하고 풍요로운 삶을 가능하게 해준다. 지속 가능한 경제 발전은 단기적인 이익을 넘어서 장기적인 관점에서 인류와 지구의 미래를 고려하는 것을 의미한다.

누구나 쉽게 이해할 수 있는 경제 이야기

주머니 속 경제

초판 1쇄 인쇄 2024년 6월 15일
초판 1쇄 발행 2024년 6월 25일

지은이 백광석
펴낸이 백광석
펴낸곳 다온길

출판등록 2018년 10월 23일 제2018-000064호
전자우편 baik73@gmail.com

ISBN 979-11-6508-572-8 (13320)